잘못된 투자에는 이유가 있다

주식시장에서 흔들리지 않는 법
잘못된 투자에는 이유가 있다

1판 1쇄 발행 | 2022년 4월 15일

지 은 이 | 황주명
펴 낸 이 | 이성범
펴 낸 곳 | 도서출판 타래
교정·교열 | 박진영
본문 디자인 | 권정숙

주소 | 서울특별시 영등포구 양평로30길 14, 911호(세종앤까뮤스퀘어)
전화 | (02)2277-9684~5 / 팩스 | (02)323-9686
전자우편 | taraepub@nate.com
출판등록 | 제2012-000232호

ISBN 978-89-8250-148-7 13320

- 이 책은 저작권법에 의해 한국 내에서 보호를 받는 저작물이므로 무단 전재와 무단 복제를 금합니다.
- 값은 뒤표지에 있습니다.
- 파본은 구입한 서점에서 교환해 드립니다.

주식시장에서 흔들리지 않는 법

잘못된 투자에는 이유가 있다

황주명 지음

당신이 잘못 알고 있는 주식투자 바로잡기

주식 텐배거, 이렇게 해야 가능하다
주식투자, 위기라고 생각할 때 보는 책

도서출판 타래

들어가며

약 17년 전, 주식시장에 처음 들어왔을 때 주식은 개인적으로 정말 쉬웠다. 차트와 시세만 볼 줄 알아도 수익을 올릴 수 있었다. 상·하한가 폭이 15%일 때는 예상 체결 상한가 종목이 당일 유지되면 다음 날 또 상한가인 경우도 많았다. 주식투자 대회에서 우승하고 많은 증권방송사의 러브콜도 받았다. 하지만 주식시장은 더 선진화되고 복잡성을 요구했다. 안정적인 종목을 찾아 큰 수익을 내는 것은 어렵지 않았지만 단기적인 수익을 지속적으로 내는 것은 기존 메커니즘과 많이 달라졌다. 그러면서 회의감이 들었다. 그때 KED한국경제개발원(구 엠케이)의 우리 식구들이 끊임없이 용기를 줘 공부를 다시 시작했다.

시장에 나와 있는 대부분의 책을 다 읽어보고 관련 자격증도 많이 취득했지만 답답함을 해소할 수 없어 발로 뛰기 시작했다. '주식시장의 진짜 성질은 무엇인가?'라는 질문을 안고 수많은 사람을 만나 많이 배웠다. 주식시장에는 좋지 못한 사람도 많았다. 항상 생각하는 것은 주변사람을 지키지 못하는 사람과는 일하지 말자는 주의다. 오늘날의 나를 만들어준 것은 내 동료들과 주변사람들이다. 주식시장을 돌아다니며 실전 로직을 배우자 조금씩 구조가 눈에 들어왔다. 아무도 직접적인 방법을 알려주지 않았다. 하나하나씩 듣고 맞춰갔다.

메커니즘을 이해하고 70%를 넘는 순간 다시 책을 쓰기 시작했다. 운과 기세로 수익을 내는 데는 한계가 있다. 결국 로직을 통한 실력으로 꾸준한 수익을 낸다고 생각한다. 지금도 메커니즘을 이해하기 위해 노력하고 생각한다. 지금은 어느 전문가보다 실력이 있다고 자부한다. 우선 크고 작은 종목의 상승할 자리와 매도할 자리를 메커니즘으로 만들 수 있다.

이 책의 제목은 내게 하는 말이기도 하다. 잘못된 투자에는 이유가 있다. 그것은 여러분이 투자를 못 해서가 아니다. 주식시장을 제대로 몰라 그런 것이다. 이 책을 통해 주식시장의 제대로 된 성질을 조금이나마 이해하는 데 도움이 되길 바란다.

이 책을 통해 항상 저를 믿고 함께 해주시는 KED한국경제개발원, 한존부(한국의 존경받는 부자) 모임, 멘토가 되어주시는 회장님과 대표님, 그리고 가족처럼 지내는 모든 분께 감사의 말씀을 전한다. 무슨 일이든지 항상 잘 될 거라고 응원하고 지켜봐 주시는 할아버지와 가족에게 특히 감사를 드린다.

도종환 시인의 시 '흔들리며 피는 꽃'을 좋아한다. 흔들리지 않고 피는 꽃이 어디 있으랴? 이 세상 어떤 아름다운 꽃도 다 흔들리며 피었나니. 여러분도 흔들리고 힘들었더라도 아름다운 수익의 꽃을 활짝 피우시길 바란다.

차 례

들어가며 4

PART
★ 1 ★

주식이란?

1-1 주식회사가 상장하는 이유 13
1-2 코스피와 코스닥의 차이점 28
1-3 주식시장에 영향을 미치는 외부 요인 34

PART 2

황금 주식 발굴하기 (기본적 분석법)

2-1 외국인/기관이 매수하는 주식 선점하는 방법 **45**
2-2 슈퍼개미가 매수하는 주식 선점하는 방법 **57**
2-3 미리 매수해 외국인/기관/슈퍼개미에게 파는 법 **85**
2-4 주식의 BCG 매트릭스 분석법 **87**
2-5 주식의 5 Forces 모델 분석법 **89**

PART 3

명쾌한 타이밍 찾기 (기술적 분석법)

3-1 캔들, 주가 파동의 처음과 끝 신호 **95**
3-2 이동평균선, 상승과 하락 추세 파악 **101**
3-3 지지와 저항, 쉬는 타이밍의 신호 **108**
3-4 엘리엇 파동 이론/피보나치, 숲을 보는 분석법 **120**
3-5 보조지표, 초보자를 위한 보조 바퀴 **124**

PART ★ 4 ★
진짜는 수급이 먼저 말한다
(거래량 분석법)

- 4-1 유효 거래량, 총 거래량 – 최대주주 거래량 **133**
- 4-2 슈퍼 거래량, 분봉/일봉/주봉/월봉 의미 거래량 **138**
- 4-3 대량 거래량, 시장 중심주 파악 거래량 **141**
- 4-4 매집 거래량, 횡보 기간 발생 거래량 **144**
- 특별편 777, 419 매매법 **147**

PART ★ 5 ★
가짜는 포장을 많이 한다
(뉴스/공시 분석법)

- 5-1 회사는 변화하고 성장(증자와 감자, 분할과 합병) **153**
- 5-2 투자를 쉽게 받기 위한 보너스 제도 **170**
- 5-3 꼭 알아야 할 시장 위험 공시 **174**
- 5-4 주가를 춤추게 하는 실적 **176**

PART ★ 6 ★

결국 거래는 사람이 한다
(주주 분석법)

6-1 회사의 주인공 찾기 **181**
6-2 회사의 주가 상승 의지 파악법 **185**

PART ★ 7 ★

마인드 관리가 승리로 이끈다
(마인드 관리법)

7-1 지피지기백전불태(知彼知己百戰不殆) **197**
7-2 목계지덕(木鷄之德) **216**

Part 1

주식이란?

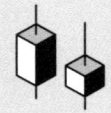

주식투자에서 크게 성공하려면 사업만큼 노력해야 한다

주식은 사업과 같다. 분야에 대한 철저한 기본 지식과 노하우가 필요하다. 아무것도 모르고 남에게만 의지한다면 실패할 확률이 높다. 주식시장의 기본적인 메커니즘을 이해하고 트렌드를 꾸준히 공부해야만 성공할 수 있다. 이 책을 통해 전체를 바라보는 기본기와 트렌드를 찾는 방법을 배울 수 있다.

★1-1★
주식회사가 상장하는 이유

주식회사가 상장하는 이유는 크게 두 가지다. 자금조달을 하기 쉽고 회사 브랜드 가치가 올라가기 때문이다. 상장할 때 자금조달은 1차적으로 우선 IPO(기업공개)를 통해 가능하고 상장 후 증자와 사채를 통해 추가 조달이 가능하다. 상장사 주식은 거래소에서 거래되므로 환금성이 더 뛰어나 비상장사보다 자금조달을 하기가 쉽고 거액의 투자가 진행되는 경우가 많다. 상장하려면 복잡한 상장요건을 모두 충족시켜야 하므로 상장사의 브랜드 가치를 우선 인정해준다. 특히 코스피는 상대적으로 안정성, 코스닥은 성장성을 주목한다. 그래서 글로벌 프로젝트나 대규모 프로젝트는 비상장사보다 상장사가 진행하는 경우가 많다.

최근 들어 상장요건을 완화하거나 쉽게 상장하는 제도를 만들었다. 코넥스 상장 후 이전, 스팩 합병, 특례상장 등의 방식이 있다. 특히 주식투자자 입장에서는 스팩 합병과 특례상장의 풋백 옵션 제도를 주목해야 한다. 추가적으로 기존 상장사를 타 법인이 인수하거나 합병하는 경우가 있다. 기존 상장사 운영진이 기업을 계속 운영하면 리스크가 있거나 새로 인수하는 회사와 운영진의 경영능력과 상업성이 더 뛰어나다고 판단될 때 진행된다. 기존 상장사는 성장성을 다시 얻게 되고 합병하려는 회사는 상장을 더 신속히 진행할 수 있다.

신규 상장주 투자법

신규 상장주 첫 거래일 시초가 단타 공략법

- 신규 상장주는 보호예수 물량 50% 이상이 좋다. 특히 상장 후 6개월 이후 보호예수 물량이 풀리는 것이 유통시장에서 좋다. 6개월 이후 보호예수 물량이 많다는 것은 단기간 내에 나올 물량이 적다는 뜻이다.

- 자본이 부채보다 많은 것이 좋다. 부채가 많으면 레버리지 효과도 있지만 이자 비용이 증가해 사업이 예상보다 느리게 진행될 때 리스크가 크다.

- 자기자본과 시가총액 비교도 시장가치 분석에서 중요하다. 일반적으로 시가총액이 자본의 8배 이상 넘지 않는 것이 좋다. 현재의 청산가치(본질 가치) 대비 많이 상승했을 가능성이 크다.

- 마지막으로 시장 트렌드에 부합하고 영업이익이 꾸준히 증가하는 기업이 좋다.

그림 1-1 케이옥션 상장 후 첫째 날 상한가 도달 / 보호예수 물량

주주 구성

공모 전	자본금	37억 원
	발행 주식 수	7,531,420주

공모 후	자본금	44억 원
	발행 주식 수	8,909,420주

	구분	보유 주식 보통주	우선주	공모 후 보통주 지분율	보호예수 기간
보호예수 매도금지	[최대주주 등]	4,426,410주	0주	49.68%	상장 후 2년 6개월
	[최대주주 등 및 1% 이상 주주]	991,000주	0주	11.12%	상장 후 6개월
	[금융투자자 및 소액주주]	360,000주	0주	4.04%	상장 후 6개월
	[벤처금융 및 금융투자자]	853,620주	0주	9.58%	상장 후 1개월
	상장 주선인 의무 인수분	48,000주	0주	0.54%	상장 후 3개월
	[공모] 우리사주조합	320,000주	0주	3.59%	상장 후 1년
	보호예수 물량 합계	6,999,030주	0주	78.56%	
유통 가능	[벤처금융 및 금융투자자]	150,000주	0주	1.68%	
	[1% 이상 주주 및 소액주주]	480,390주	0주	5.39%	
	공모 시 기관투자자	880,000주	0주	9.88%	
	공모 시 일반투자자	400,000주	0주	4.49%	
	유통 가능 주식 합계	1,910,390주	0주	21.44%	
	공모 후 상장주식 수	8,909,420주	0주	100 %	

참고사항	* 총발행 주식 수 : 8,909,420주(2021. 12. 14~증권신고서 기준) – 기 발행 주식 수 : 7,581,420주 – 신주 발행 주식 수 : 1,280,000주 – 상장 주선인 의무 인수분 : 48,000주

그림 1-2 케이옥션 상장 후 첫째 날 상한가 도달 / 재무 정보

재무 정보   KRW(원)

구분	제17기 3분기 말 [2021] K-IFRS	제16기 [2020] K-IFRS	제15기 [2019] K-IFRS
Ⅰ. 유동자산	52,399,536,721	38,207,470,131	46,496,461,410
Ⅱ. 비유동자산	49,890,950,771	36,035,987,751	36,910,889,569
자산총계	102,290,487,492	74,243,457,882	83,407,350,979
Ⅰ. 유동부채	27,283,696,862	46,179,591,892	37,407,465,828
Ⅱ. 비유동부채	6,277,179,829	3,794,866,438	19,738,471,483
부채총계	33,560,876,691	49,974,458,330	57,145,937,311
1. 자본금	3,790,710,000	3,000,000,000	3,000,000,000
2. 자본잉여금	20,295,313,019	0	0
3. 이익잉여금	29,040,002,060	20,822,372,201	22,910,665,050
4. 기타자본항목	15,603,585,722	446,627,351	350,748,618
자본총계	68,729,610,801	24,268,999,552	26,261,413,668
매출액	23,082,767,351	24,192,455,615	30,578,669,842
영업이익	10,491,757,934	1,515,311,988	4,062,025,310
당기순이익	8,217,629,859	-2,088,292,849	2,644,841,956

그림 1-3 케이옥션 상장 후 첫째 날 상한가 도달 / 3분봉

그림 2-1 이지트로닉스 상장 후 첫째 날 상한가 도달 / 보호예수 물량

주주 구성

공모 전	자본금	29억 원
	발행 주식 수	5,940,000주

공모 후	자본금	39억 원
	발행 주식 수	7,972,631주

	구분	보유 주식 보통주	보유 주식 우선주	공모 후 보통주 지분율	보호예수 기간
보호예수 매도금지	[최대주주 등]	3,619,000주	0주	45.43%	상장 후 3년
	[최대주주 등]	27,500주	0주	0.35%	상장 후 1년
	[기타 기존 주주]	627,000주	0주	7.87%	상장 후 1개월
	[공모] 우리사주조합	74,745주	0주	0.94%	상장 후 1년
	상장 주선인 의무 인수분	45,454주	0주	0.57%	상장 후 3개월
	보호예수 물량 합계	4,393,699주	0주	55.16%	
유통 가능	[벤처금융 및 전문투자자]	1,463,000주	0주	18.37%	
	[기타 기존 주주]	203,500주	0주	2.55%	
	공모 시 기관투자자	1,410,255주	0주	17.70%	
	공모 시 일반투자자	495,000주	0주	6.21%	
	유통 가능 주식 합계	3,571,755주	0주	44.84%	
	공모 후 상장주식 수	7,965,454주	0주	100%	

참고사항	* 총발행 주식 수 : 7,972,631주(2021. 12. 22~증권신고서 기준) – 기 발행 주식 수 : 5,940,000주 – 신주 발행 주식 수 : 1,980,000주 – 상장 주선인 의무 인수분 : 52,631주

자료는 IPO스탁(http://www.ipostock.co.kr)을 참고하면 위의 자료처럼 정리된 데이터를 더 쉽게 찾아볼 수 있다.

그림 2-2 이지트로닉스 상장 후 첫째 날 상한가 도달 / 재무 정보

재무 정보

KRW(원)

구분	제14기 3분기 말 [2021] K-IFRS	제13기 [2020] K-IFRS	제12기 [2019] K-IFRS
Ⅰ. 유동자산	16,296,547,229	15,160,033,940	18,568,832,704
Ⅱ. 비유동자산	19,581,676,951	19,129,789,510	17,104,776,832
자산총계	35,878,224,180	34,289,823,450	35,673,609,536
Ⅰ. 유동부채	10,634,928,815	8,775,837,447	16,454,388,242
Ⅱ. 비유동부채	5,336,432,781	5,897,057,291	12,526,142,770
부채총계	15,971,361,596	14,672,894,738	28,980,531,012
1. 자본금	2,990,000,000	2,990,000,000	400,000,000
2. 자본잉여금	7,253,386,790	7,121,035,845	324,170,000
3. 이익잉여금	9,721,342,172	9,563,759,245	6,187,491,656
4. 기타자본항목	−57,866,378	−57,866,378	−218,583,132
자본총계	19,906,862,584	19,616,628,712	6,693,078,524
매출액	12,279,467,534	15,348,581,080	17,990,686,223
영업이익	341,581,866	2,829,540,431	3,736,195,716
당기순이익	157,582,927	3,552,097,589	2,412,711,107

그림 2-3 이지트로닉스 상장 후 첫째 날 상한가 도달 / 3분봉

특례 상장주 투자법

특례 상장주 목표값 기대분할 투자법

- 특례 상장주의 기업 구분은 신성장 기업으로 표시된다. 기존 상장요건에 다소 부족하지만 새로운 성장 기대가 있거나 빠른 진행이 필요할 때 패스트 트랙으로 진행된다. 특례 상장은 기술 특례 상장, 이익 미실현 기업 상장(테슬라 요건), 성장성 추천 특례 상장으로 구분된다. 그중 이익 미실현 기업 상장과 성장성 추천 특례 상장은 풋백 옵션(Put Back Option)이 적용된다. 풋백 옵션은 요청하면 다시 사줄 수 있다는 뜻이다.
- 이익 미실현 기업(테슬라 요건)은 상장 후 주관사에게 일반 청약자가 요청하면 공모가의 90% 가격으로 주식을 상장한 후 3개월 동안 사주어야 한다.
- 성장성 추천 특례 상장도 상장 후 주관사에게 일반 청약자가 요청하면 공모가의 90% 가격으로 주식을 상장한 후 6개월 동안 사주어야 한다.
- 풋백 옵션이 있는 종목은 공모가 근처에서 10% 하락할 때마다 분할 매수 전략을 취한다. 매수가 대비 50%, 2배, 3배 수익 때 매도한다.
- 단 한 번의 상승 파동이 나오면 재파동을 기대하지 말고 과감히 정리한다. 원리는 주관사나 투자사가 손해를 보지 않기 위해 상승시키거나 차익 실현을 위해 주가를 상승시키는 경우가 대부분이다.

그림 3 라닉스 공모가 6,000원 대비 3배 상승

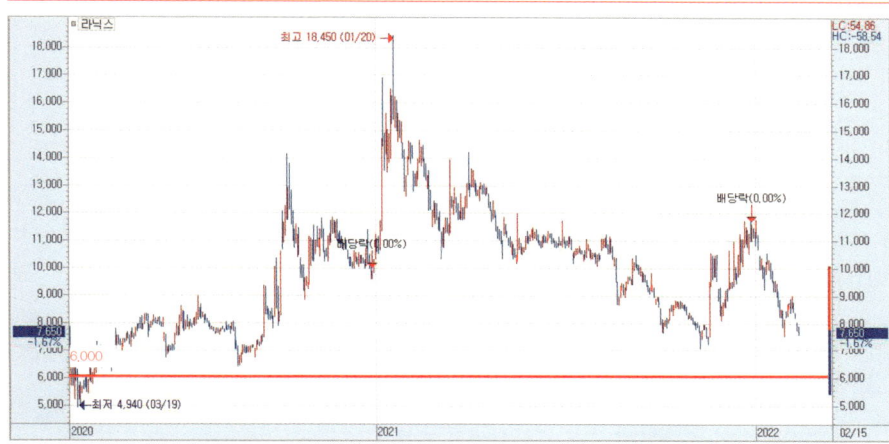

그림 4 신테카바이오 공모가 12,000원 대비 4배 상승

★Part 1★ 주식이란?

스팩 투자법

스팩(SPAC: Special Purpose Acquisition Company)은 공모(IPO)를 통해 조달한 자금을 바탕으로 타 기업과의 합병이 유일한 목적인 회사다. 합병할 때 합병 후 대상 회사는 존속하고 합병이 실패하면 예치금을 반환한 후 스팩은 해산된다.

스팩은 3년 시 합병되지 않으면 공모가 2천 원 기준으로 원금을 돌려준다. 합병 대상을 찾으면 2년 6개월 안에 신고해야 한다.

스팩주 거래 재개 시 시초가 공략 투자법

- 스팩은 합병될 때까지 기다리려면 기회비용이 너무 크고 합병 가능성도 60%가량이므로 불확실하다. 더구나 어떤 회사와 합병할지 모르므로 리스크도 존재한다. 그래서 조금 높게 사더라도 합병이 결정되고 상장 예비심사와 주주총회를 통과하기 위해 장기간 매매 정지가 될 때 분석을 시작한다.
- 합병이 최종 결정되고 승인되어 거래가 재개되면 합병 종목이 시장 중심주이고 성장성이 있으면 시초가(아침 시작 가격)에 공략한다. 특히 2천 원 가격대 근처에 있을수록 수익이 날 가능성이 크다.
- 그리고 주식회사 상호가 변경되고 추가 상장하기 전 50% 이상 물량을 매도할 경우가 수익 극대화 확률이 높다.

그림 5-1 일승 상장 후 약 80% 상승

기준가 산정 등에 관한 안내

1. 회사명	미래에셋대우스팩5호				
2. 주식의 종류와 가격	주권 종류	단축코드	평가가격(원)	최고 호가(원)	최저 호가(원)
	보통주식	A333430	2,050	4,100	1,025
3. 기준가격 결정	최저 호가 가격 및 최고 호가 가격의 범위 내에서 08:30~09:00까지 호가를 접수해 단일가격에 의한 매매 방식으로 결정된 최초 가격이 기준가격이 됨				
4. 매매거래 방법	기준가격을 기준으로 상하 30% 범위 내에서 일반종목과 동일				
5. 사유	장기간 매매정지				
6. 적용일	2021-02-05				
7. 근거 규정	코스닥시장 업무 규정 제22조, 동 규정 시행세칙 제27조 및 별표1				
8. 기타	-				

그림 5-2 일승 상장 후 약 80% 상승 / 일봉

그림 6 원바이오젠 상장 후 약 2배 이상 상승 / 일봉

최대주주 변경 투자법

최대주주 인수 단가 계산 후 분할 장기 투자법

- 회사를 인수하는 측은 나중에 인수 후 더 큰 가치를 만들 수 있다고 판단해 투자한다. 부동산 투자와 비교할 수 있다. 부동산을 활용해 부동산을 보유하는 동안 수익형 모델을 만들거나 나중에 부동산 가치가 올라가면 팔 수도 있다. 사업성과 경영진의 능력이 있다면 인수 단가보다 더 가치 있게 상승시킬 가능성이 크다.

- 인수 단가 이하에서 10% 하락할 때마다 분할 매수한다. 다만, 사업성과 경영진의 능력이 확실하고 시장 트렌드 종목일수록 좋다(예시: 2만 원, 만 8천 원, 만 6천 원, 만 4천 원, 만 2천 원 5분할 매수).

- 최대주주 변경을 수반하는 주식 양수도 계약 체결이라는 내용으로 검색하면 관련 인수 단가를 확인할 수 있다.

그림 7-1 LX 세미콘 LG가 26,600원에 인수(2014.6), 인수 후 5배 이상 상승(2021.12) / 주식 양수도 계약체결

최대주주 변경을 수반하는 주식 양수도 계약 체결

1. 계약 당사자	- 양도인	㈜코멧네트워크	회사와의 관계	최대주주
	- 양수인	㈜엘지	회사와의 관계	-
2. 계약 내역	양수도 주식 수(주)		2,687,190	
	1주당 가액(원)		26,600	
	양수도 대금(원)		71,479,254,000	

- 양수도 대금의 지급 일정 및 지급 조건 등에 관한 사항		당사의 최대주주인 ㈜코멧네트워크는 ㈜엘지에게 보유 주식을 양도하는 계약을 아래와 같이 체결하였습니다.
		
		1. 양수도 계약 체결일 : 2014년 5월 23일
		2. 주식매매 및 대금 지급 일정
		  - 주식매매일 : 2014년 6월 19일
		  - 대금 지급일 : 2014년 6월 23일
		3. 거래 방법 : 시간외 대량매매
		* 1주당 매매가격은 계약 체결일의 종가로 함		

그림 7-2 LX 세미콘 LG가 26,600원에 인수(2014.06), 인수 후 5배 이상 상승(2021.12) / 일봉

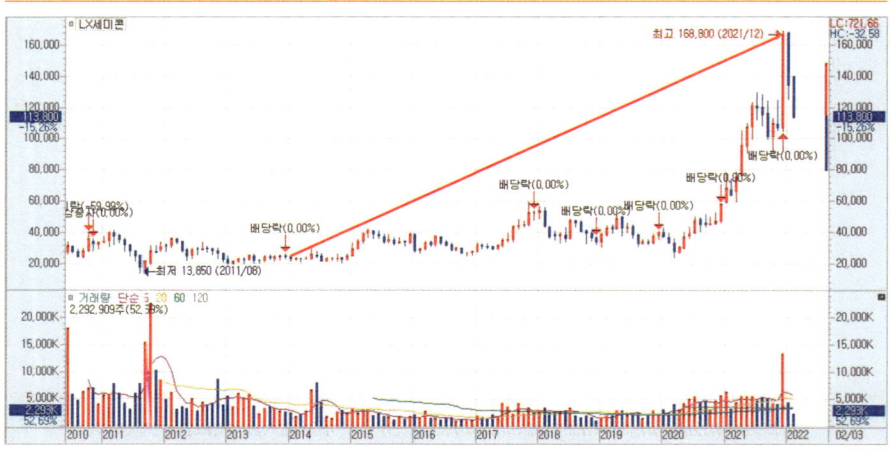

그림 8-1 현대바이오랜드 SKC가 19,000원에 인수(2014.11), 인수 후 현대퓨처넷에 27,509원에 매각(2020. 8), 인수 후 2배 이상 상승(2020.5) / 주식 양수도 계약 체결

최대주주 변경을 수반하는 주식 양수도 계약 체결

1. 계약 당사자	– 양도인	SKC(주)	회사와의 관계	변경 전 최대주주
	– 양수인	(주)현대 HCN	회사와의 관계	변경 후 최대주주
2. 계약 내역	양수도 주식 수(주)		4,190,841	
	1주당 가액(원)		27,509	
	양수도 대금(원)		115,286,958,941	

– 양수도 대금의 지급 일정 및 지급 조건 등에 관한 사항		당사의 최대주주인 SKC(주)가 보유한 SK바이오랜드(주)의 보통주식을 4,190,841주(27.94%) 전부를 (주)현대 HCN 에게 양도하는 계약을 체결하였습니다.
		
		1. 양수도 계약 체결일 : 2020년 8월 18일
		2. 총 양수도 금액 : 115,286,958,941원
		3. 처분 예정일자 : 2020년 10월 6일
		4. 대금 지급 일정
		   1차 매매대금(10%) : 12,048,667,880원
		   1차 매매대금 지급일 : 2020년 8월 19일
		   2차 매매대금(90%) : 103,238,291,061원
		   2차 매매대금 지급일 : 2020년 10월 6일		

그림 8-2 현대바이오랜드 SKC가 19,000원에 인수(2014.11), 인수 후 현대퓨처넷에 27,509원에 매각(2020.8), 인수 후 2배 이상 상승(2020.5) / 월봉

자료는 금융감독원 전자공시 시스템(https://dart.fss.or.kr/)을 활용하면 된다.

★1-2★
코스피와 코스닥의 차이점

코스피는 사람들에게 잘 알려진 기업들이 모인 시장이다. 상장요건이 코스닥 시장의 요건보다 높아 상대적으로 대기업과 우량기업 주식이 거래된다. 예를 들면 삼성전자, 현대차 등이 있다. 그중에서 코스피를 대표하는 200개 기업을 선택해 코스피 200 지수를 만들었다. 즉, 대한민국의 대표적인 기업군을 코스피 200 종목이라고 보면 된다.

코스닥은 중소기업과 첨단 벤처기업 육성을 위해 만든 시장으로 성장 가능성을 인정받은 기업들이 있다. 예를 들면 카카오게임즈(게임), 알테오젠(제약·바이오), 엘앤에프(2차전지) 등이다. 그중에서 코스닥을 대표하는 기업을 선택해 코스닥 150 지수를 만들었다. 코스닥은 소속부에 따라 우량기업부, 벤처기업부, 중견기업부, 신성장 기업부로 구분된다. 우량기업부는 기업 규모, 재무조건, 건전성이 모두 우량한 기업이다. 사업보고서상의 재무실적 등을 기준으로 정기심사를 통해 매년 5월 최초 매매일에 지정·공표한다.

그림 9-1 코스닥 시장 소속부 우량기업부 / 벤처기업부 / 중견기업부 / 신성장 기업부

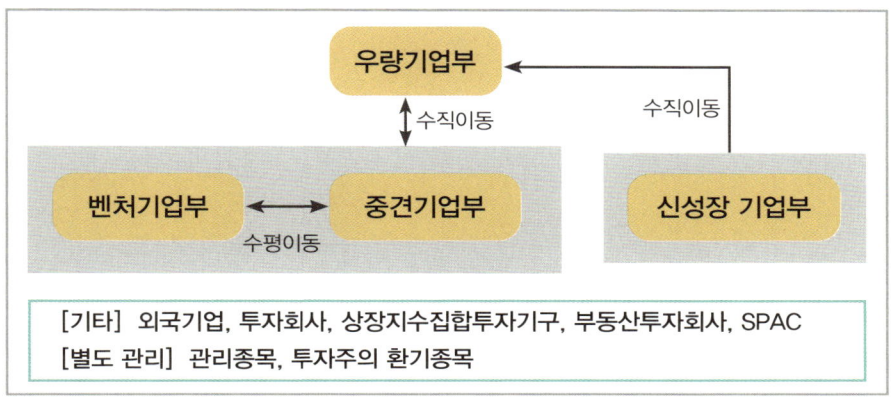

그림 9-2 코스닥 시장 소속부 소속부 / 별도 관리 / 기타

구분		선정 방법
소속부	우량기업부	프리미어지수 해당 기업
		일정 규모 이상 우량 대표기업
	벤처기업부	기존 벤처기업 중 기술력 인정 기업 : 녹색인증 or 이노비즈인증 or R&D투자 5% 이상
		(거래소가 선정하는) 히든챔피언 대상 기업
		당기 순이익 매출액 증가 기업
	중견기업부	우량기업부와 벤처기업부 미 해당 기업
	신성장 기업부	신규 상장기업 중 상장특례 적용 기업 - 녹색인증기업(단수평가) - 非녹색인증기업(복수평가)
별도 관리	투자주의 환기종목	기업계속성 및 경영투명성에 주의를 요하는 기업
	관리종목	재무요건 등 상장유지 부적격 기업
기타	외국기업, SPA, 투자회사	국내에 상장된 외국기업, SPAC 및 투자회사

— 출처 : 한국거래소

    KRX 300은 2018년 출범한 신통합 지수다. 코스피와 코스닥 모두 포함되며 시가총액 비중은 80%가 넘는다. 시가총액 700위 이내, 거래대금 순위 85% 종목을 심사해 선정한다. 종목 수는 300개 기준으로 분할·재상장 등으로 다소 변경될 수 있다.

코스피 200 종목, 코스닥 150, KRX 300 매매법

외국인 · 기관 수급 체크 후 바닥 턴어라운드 종목 공략

- 대표적 종목(코스피 200 / 코스닥 150 / KRX 300)은 외국인 · 기관 수급이 들어올 가능성이 크다.
- 시장 트렌드 종목이 전체적인 시장 분위기 악화로 하락한 후
- 기대감으로 외국인 · 기관 수급이 들어오면 진입한다.

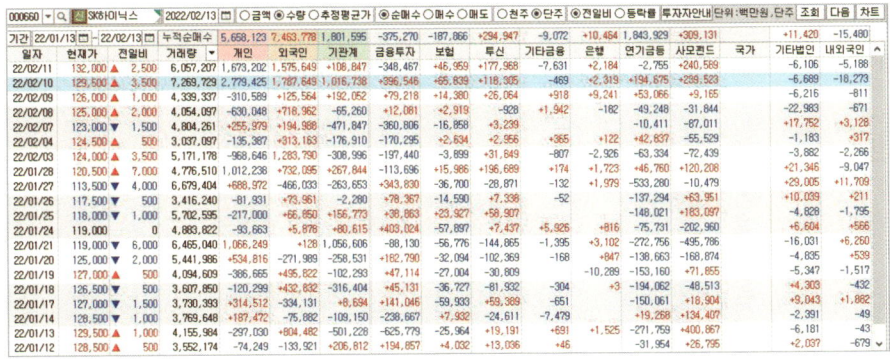

그림 10-1 SK하이닉스 지속적인 외국인 수급과 함께 상승 / 종목별 투자자

★Part 1★ 주식이란?

그림 10-2 SK하이닉스 지속적인 외국인 수급과 함께 상승 / 일봉

그림 11-1 기업은행 지속적인 외국인·기관 수급과 함께 상승 / 종목별 투자자

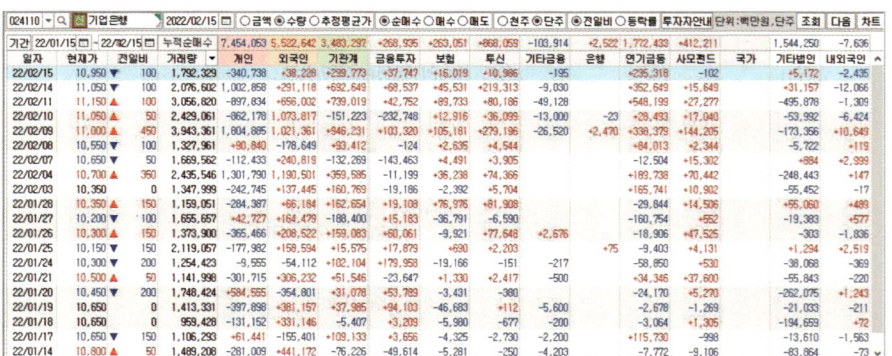

그림 11-2 기업은행 지속적인 외국인·기관 수급과 함께 상승 / 일봉

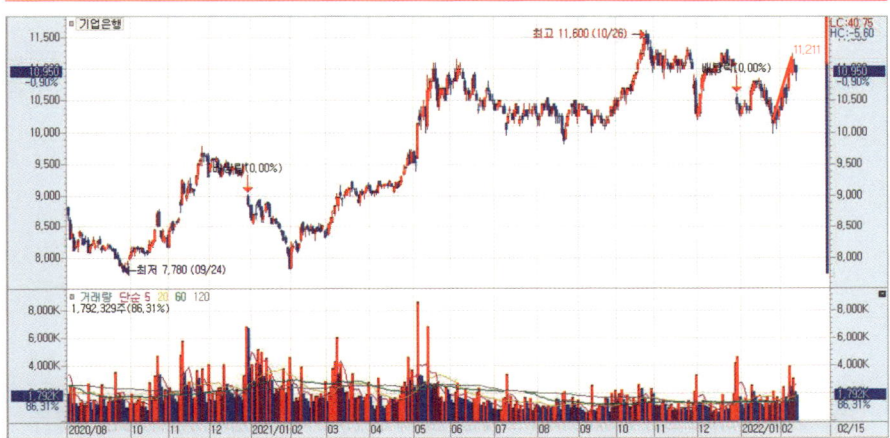

★1-3★
주식시장에 영향을 미치는 외부 요인

경제 상황과 대체재의 매력도를 주목해야 한다. 주식시장은 결국 기업들의 집합이므로 경제 상황에 민감할 수밖에 없다. 경제성장률이 양호하고 시장친화적 정책이 진행된다면 주식시장에 긍정적이다. 반면, 경제성장률이 저조하고 시장규제 정책이 진행되면 주식시장이 하락하는 경우가 많다. 경제정책은 필요할 때 상대적이고 서서히 진행되면 대부분 긍정적일 가능성이 크다. 예를 들면 급격한 인플레이션은 주가 하락의 원인이 되지만 완만한 인플레이션(물가 상승)은 주가 상승의 기폭제가 된다. 물가가 상승하면 결국 동일 상품을 판매했을 때 매출액이 증가한다.

일반적인 금융투자로 주식과 채권이 있다. 주식은 높은 수익률이 기대되지만 안정성이 낮다. 채권은 주식보다 기대수익률은 낮지만 안정성이 높다. 금리가 상승해 채권시장 수익률이 올라가면 주식 자금의 일부가 이동할 가능성이 커진다. 주식시장은 발행시장과 유통시장으로 구분된다. 발행시장은 상장 전 공모를 통해 투자할 수 있다. 기관으로 분류되는 자문사 등은 상대적으로 많은 공모를 청약받을 수 있으므로 LG에너지솔루션처럼 기대감이 높은 종목이 상장하면 많은 발행시장으로 자금이 몰린다. 그렇게 되면 거래시장(유통시장)은 약세를 보이는 경우가 많다. 즉, 자금은 정해져 있는데 어느 쪽이 매력적인가에 따라 시장의 흐름이 결정되기도 한다.

금리와 물가에 따른 주식투자법

금리와 물가 상승·하락에 따른 업종별 대응법

- 금리가 상승하면 예대(예금·대출) 마진이 증가하므로 은행주와 보험주가 상승하는 경우가 많다. 보험료가 상품에 따라 채권에 투자되는 경우가 많기 때문이다. 다만, 금리가 오르면 대규모 자금이 필요한 건설주 등은 상대적으로 약세를 띠는 경우가 많다. 대출 금리가 오르면 이자 부담이 증가하기 때문이다.

- 물가가 오르면 식·음료주들이 강세를 띠는 경우가 많다. 원재료 가격 상승 우려감도 있지만 판매가격도 올리는 경우가 많아 수혜주로 간주되는 경우가 많다. 철광석과 같은 원자재를 직접 생산하는 업체들도 수혜주가 된다. 반면, 유가 등이 오르면 항공주에는 부담이 된다.

그림 12 메리츠화재 금리 인상 기대감에 상승

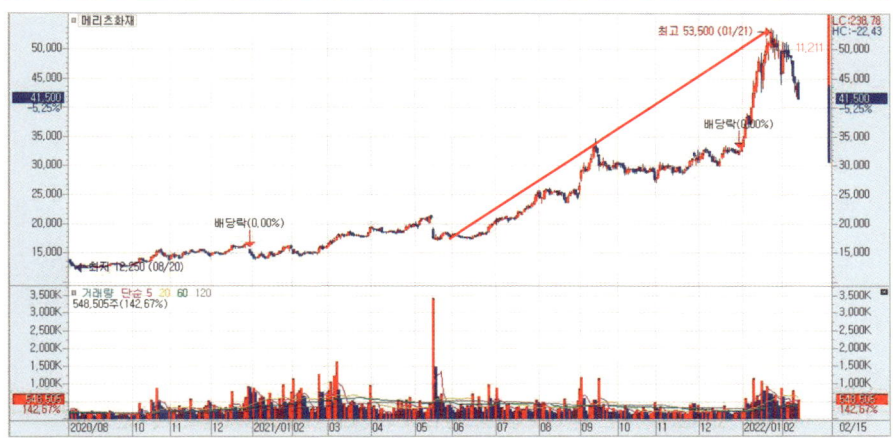

그림 13 하이트진로 주요 제품 소비자가격 상승에 반등

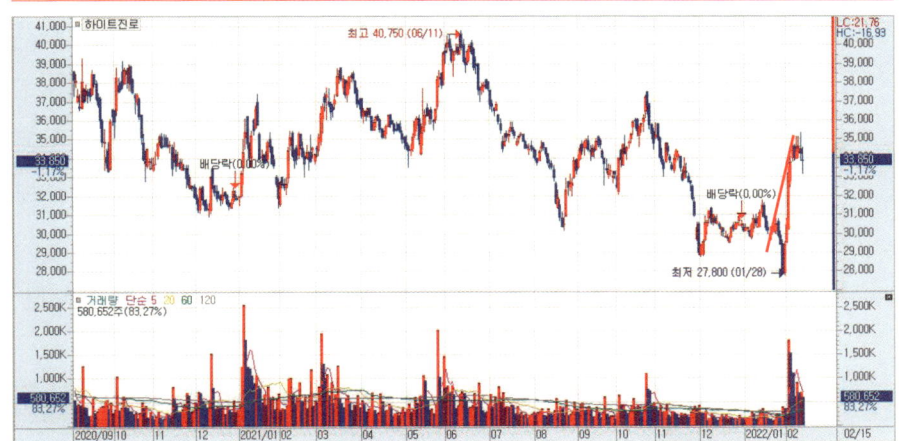

★ 꼭 알아야 할 용어 정리 1 ★

- 변동성 지수(VIX: Volatility Index): 향후 30일간 주가의 향방을 알려주는 공포 지표다. 주식시장이 하락하거나 세계적 위기 때 빠르게 상승하므로 공포지수라고도 불린다. 1993년 미국 듀크대 로버트 E. 웨일리 교수가 미국 주식시장의 변동성을 나타내기 위해 개발했다. 시카고 옵션거래소에 상장된 S&P500 지수 옵션의 향후 30일간의 변동성에 대한 시장의 기대를 나타내는 수치다. 옵션은 특정 유가증권을 특정 시기와 특정 가격에 사고팔 권리를 부여한 계약이다. 코로나19가 창궐하면서 빅스 지수가 6배 이상 상승했다. 주가에 영향을 미치는 원인 중 투자심리를 표현한 것이다. 쉽게 말해 VIX 30이라면 앞으로 한 달 동안 약 30%의 변동 폭을 예상하는 투자자가 많다는 뜻이다.

일반적으로 VIX 20~VIX 30 구간이 평균값이고 VIX 40~VIX 60 구간은 높은 공포 지수로 주식시장에서는 바닥권 진입이 기대된다. VIX가 20 이하이면 과매수 구간으로 변동성을 예고하는 경우가 많다. VIX 최고치인 2008년 금융위기와 2020년 초 코로나19 시작 당시는 80 이상의 흐름을 보였다.

강세장은 계단처럼 진행되고 약세장은 엘리베이터처럼 진행되는 경우가 많다. 즉, 주가는 강세장보다 약세장에서 변동성이 훨씬 급격하다는 것이다. 그만큼 옵션 매도 프리미엄이 높아 내재 변동성이 큰 것이다. 그래서 약세장에서 VIX가 큰 상승을 보이는 경우가 많다. VIX 투자 시 주의할 점은 롤오버(Roll Over) 비용이다. VIX는 미래의 변동성에 베팅하기 때문에 VIX 롱 포지션을 잡은 사람들은 VIX 숏 포지션 발행자들에게서 항상 더 비싸게(프리미엄) 선물을 살 수밖에 없으므로 예외적인 상황이 아니라면 콘탱고(Contango) 상태가 유지된다. 콘탱코는 선물가격이 현물가격보다 비싸게 형성된 현상이다. 그 반대는 백워데이션(Backwardation)으로 선물가격이 현물가격보다 싼 경우를 말한다. S&P500 옵션의 정규 만기일은 매달 세 번째 금요일이지만 VIX 선물의 정규 만기일은 특수한 경우를 제외하면 일반적으로 매달 세 번째 수요일이다.

미국 VIX ETF는 프로쉐어스가 운용하는 VIXY(1배, PROETF VIX SHORT-TERM FUTURES ETF), UVXY(1.5배, PROETF ULTRA VIX SHORT TERM FUTURES ETF), SVXY(-0.5배, PROETF SHORT VIX SHORT TERM FUTURES ETF)가 있고 ETN(만기가 있음)은 바클레이즈가 운용하는 VXX(1배, IPATH SERIES B S&P500 VIX SHORT-TERM F) 등이 있다. UVXT는 원래 2배 상품이었는데 2018년 1.5배로 낮춰 운용 중이다. ETF는 자산운용사가 운용하며 만기가 없는 것이 특징이다. ETN은 증권사가 운용하며 만기가 있다.

VIX를 활용한 투자법

VIX 값에 따른 역발상 주식시장 대응법

시장에서 해결될 변수가 많은데 VIX 지수가 80 이상 진행되면 거의 모든 공포가 왔다고 보면 된다. 오히려 최고의 공포에서 매수가 가능하다. VIX 70 이상부터는 시장에서 우량 종목을 분할 매수하기 시작한다. 시장에는 많은 위험 요소가 있는데 VIX 지수가 20 이하이면 공포를 우려해야 한다. 평안 속에 공포가 발생할 가능성이 크다. 물론 상황이 지속적으로 좋을 수 있지만 약간의 비중 조절은 필요하다. 오히려 VIX 지수를 조금 매매해 트레이딩할 수 있는 위치다.

그림 14-1 VIX VIX 값에 따른 구간 구분(20~30)

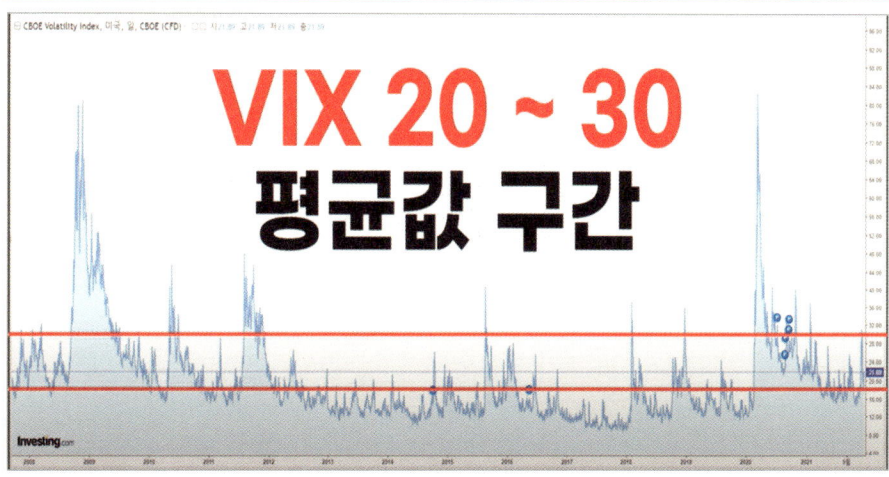

그림 14-2 VIX VIX 값에 따른 구간 구분(40~60)

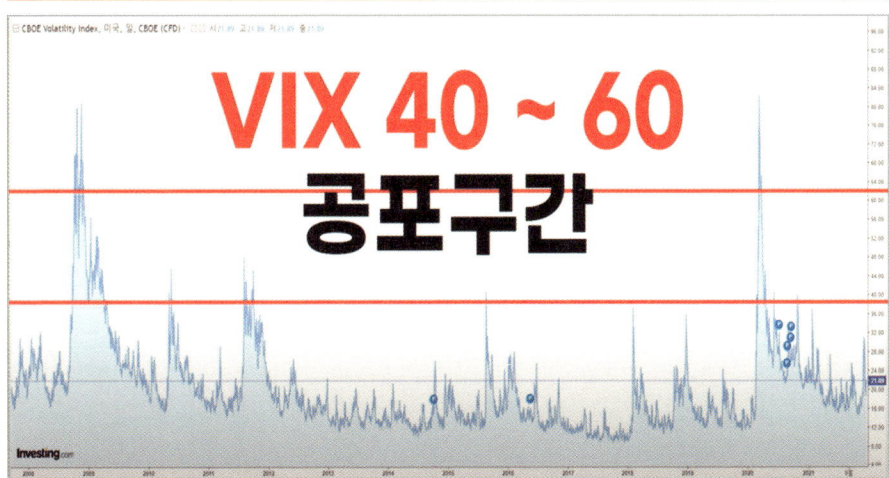

그림 14-3 VIX VIX 값에 따른 구간 구분 (VIX 지수 상승 / 주식시장 하락)

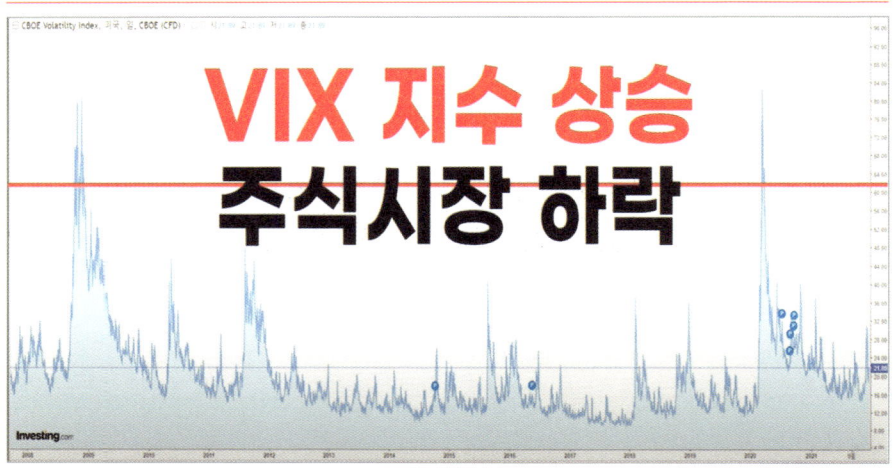

그림 14-4 VIX VIX 값에 따른 구간 구분 (VIX ETF / ETN)

VIX ETF / ETN		
프로쉐어스	VIXY	1배
	UVXY	1.5배
	SVXY	− 0.5배
바클레이즈	VXX	1배

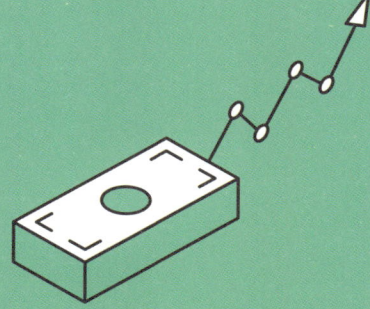

Part 2
황금 주식 발굴하기
(기본적 분석법)

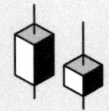

시대적 요구에 부합하는 미인주를 발굴하라

황금 주식을 찾아야 편안한 매매가 가능하다. 황금은 누구에게나 인정받는 자산이다. 특히 황금이 잘 나오는 광산을 찾는 노하우가 담겨 있다. 황금 광산을 선점해 외국인/기관/슈퍼개미에게 황금을 파는 방법도 소개한다. 시대적 요구에 부합하는 황금주(미인주)를 선택해야만 텐배거가 가능하다.

★ 2-1 ★
외국인/기관이 매수하는 주식 선점하는 방법

외국인과 기관은 수익성과 안정성 둘 다 찾는다. 또한, 급하지 않은 자금 성격이 많아 매도하지 않고도 수익이 가능한 배당주를 선호한다. 그래서 배당주 매매법과 실적주 매매법을 알면 외국인과 기관이 좋아할 만한 종목을 선점할 수 있다.

배당주 매매법

배당은 주식 보유자에게 그 지분에 따라 기업 이윤을 배분하는 것이다. 단, 금융(증권, 은행, 보험 등) 종목은 일반적으로 배당이 높으므로 5% 이상일 때 접근 가능 종목으로 본다. 지주사(홀딩스), 리츠, 선박 투자회사 등은 배제한다.

일반적으로 배당은 12월 결산 기준으로 진행(중간 배당 등도 있다)하므로 일반적으로 12월에 발생한 배당수익률을 확인하는 것이 중요하다. 12월 이전에 상승 여력을 계산할 수 있다.

중요한 것은 회사의 지속적 성장 기대감과 안정성이다. 성장 기대감이 없으면 나중에 수익률이 감소해 배당금도 줄어들 수 있다. 그리고 안정적으로 회사의 커시 카우(현금을 지속적으로 창출할 수 있는 사업)가 있어야 유지할 가능성이 높다.

배당수익률 계산 기준은 전년 배당 시와 3년간 평균 배당 시로 구분할 수 있다. 배당수익률 계산은 배당 수익을 위해 투자하는 부분은 아니다. 배당수익률 갭에 따른 시장의 주가 수익을 보려는 것이다. 예를 들어 정기적으로 연 배당금 100원을 주면 1만 원일 때 1% 수익 구간, 5천 원일 때 2% 수익 구간, 약 3,300원일 때 3% 수익 구간, 2,500원일 때 4% 수익 구간, 2,000원일 때는 5% 수익 구간이다. 기관이 배당의 4% 수익을 기대하고 현재 가격 기준 배당수익률 5% 구간대부터 진입한다면 25% 수익이 된다. 즉, 비교 기준 2,000원에 매수를 시작해 2,500원까지 적극 매수가 가능하다는 것이다. 1% 수익을 기대하고 2% 구간대부터 진입한다면 100% 수익이 된다.

테마주와 급등주는 배당수익률 0.8~1% 구간대부터 진입 가능하다. 배당금 외에 미래가치를 더 기대할 수 있다. 지속적인 실적 성장이 기대되는 종목은 1~2% 구간대부터 진입 가능하다. 실적이 지속적으로 성장해 잉여금을 배당으로 더 줄 수 있다는 기대감도 있다. 안정적이고 추세 상승이 가능한 종목은 2~3% 구간대부터 진입 가능하다. 안정성은 지속적으로 두각을 받는다. 배당수익률 투자로 두각을 받는 종목은 3~4% 구간대부터 진입 가능하다. 적절한 배당투자를 기대하고 접근하는 경우가 많다.

배당주 투자법

올해와 작년/3년 평균 배당수익률 비교 투자법

DPS(Dividends Per Share)는 주주에게 지급할 배당금을 발행주식 수로 나눠 구한 것이다. 즉, 1주당 지급되는 배당금이다. 배당수익률은 주당 배당금을 주가로 나눈 값을 %로 계산한 것이다.

예를 들어 KT&G는 담배와 홍삼 사업을 영위하므로 안정적인 실적이 기대된다. 지난 3년간 배당금은 4,000원(2018년)/4,400원(2019년)/4,800원(2020년)이고 직전 마지막 해의 배당금은 4,800원이었다. 실적 변동성이 크지 않으므로 4,400원 이상을 예상할 수 있다. 결론적으로 2021년도 배당금은 4,800원이었다. 8만 원 이하에 매수하면 5~6%의 배당 수익이 기대된다. 트레이딩 관점에서는 80,000원, 75,000원 등에서 분할 매수해 시장에서 10% 수익 때 매도한다. 배당을 받으려는 외국인/기관은 지속적으로 저가에서 매수 가능하다.

한일네트웍스는 ASP(Application Service Providing)와 IT 장비유통 부문 서비스를 제공하고 있다. IT 제품 수요가 증가하면서 실적개선이 이뤄지고 있다. 지난 3년간 배당금은 200원(2018년)/230원(2019년)/240원(2020년)이고 직전 마지막 해의 배당금은 240원이었다. 결론적으로 240원 배당금 기준으로 6,000원 이하에서는 4% 이상의 배당 수익이 기대된다. 트레이딩 관점에서는 6,000원 이하에서 분할 매수해 7,000원 이상에서 여러 번 매도할 수 있었다.

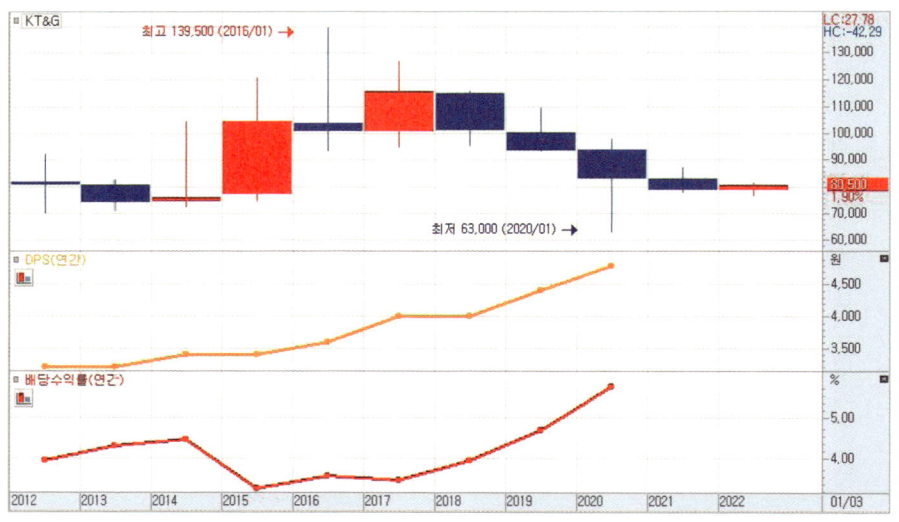

그림 15 KT&G 배당수익률 4%대 유지

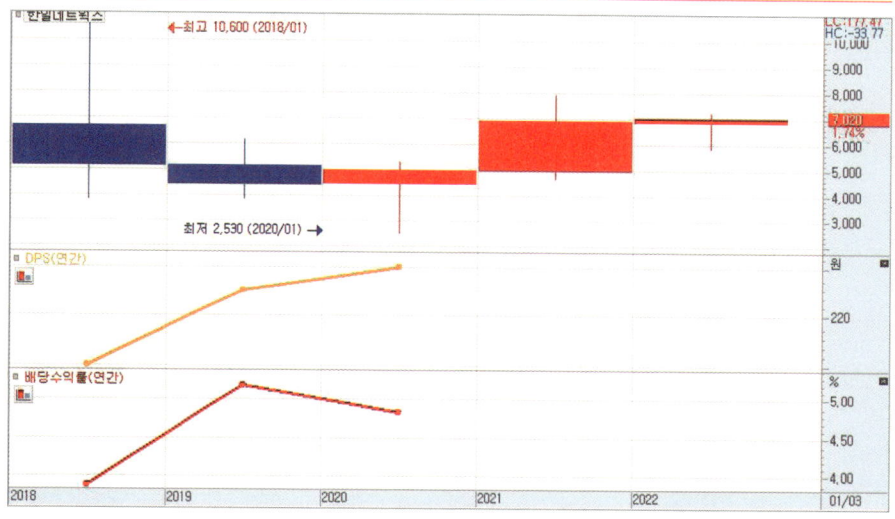

그림 16 한일네트웍스 배당수익률 4%대 유지

실적과 트렌드 예측 매매법

실적은 주식에서 가장 큰 측정값이다. 실적이 증가하면 주가 상승 기대감이 커지고 일정 실적 이상이 되면 외국인/기관 수급이 강하게 유입된다. 그래서 실적을 통해 종목을 선별할 수 있다. 그러려면 실적 비교값이 필요하다. 다양한 방식으로 비교할 수 있지만 일반적으로 전년 동기 대비 성장성을 많이 비교한다. 다음 조건을 통해 상승이 기대되는 종목을 발굴할 수 있다.

〈영업이익〉
1. 일반적으로 영업이익은 매 분기 30억 원 이상이 안정적이다. 1년 기준으로 100억 원 이상의 실적이 단순 계산으로 가능하다. 연간 100억 원 이상의 실적이 유지되면 일반적으로 우량기업으로 평가된다.
2. 영업이익 증가율은 최근 분기 누적 실적의 전년 동기 대비 10% 이상이 좋다. 영업이익이 꾸준히 증가한다는 것은 본 사업이 잘되고 있다는 것이다.
3. 단, 작년에도 실적이 100억 원 이상 유지된 종목이 안정적이다(최근 결산 100억 원 이상). 대부분 12월 결산값은 내년도 3월 말까지 나오므로 최근 결산은 작년이나 3월 이전에는 2년 전을 의미한다.

〈안정성〉
PBR 32배 이하 종목에 접근한다. 청산가치 대비 너무 큰 상승이 있으면 다시 하락할 가능성이 높다.
1. 부채비율은 최근 분기 100% 이하가 좋다. 100% 이상이면 이자 비용이 우려된다. 우량기업은 부채비율 100% 이하가 많다.

〈시장가치〉
1. 시가총액 대비 최근 분기 영업이익 2.5% 이상인 종목을 MAX로 계산한다. 영업이익의 40배 차이까지 시가총액을 볼 수 있다. 물론 제약·바이오는 매출액의 100배까지도 시총과 비교할 수 있지만 안정성을 더 중점적으로 제시하므로 배제한다.

위의 기준으로 가장 최근 신뢰할 만한 과거 지표(분기 보고서 등 공시)를 통해 비교 가능하다. 하지만 앞으로 미래 비교가 보고된 수치 외에는 예측이 부족하다. 그럴 때는 트렌드, 대기업이나 연구소의 전망을 참고한다.

네이버 트렌드와 구글 트렌드를 검색하면 현재 업종의 인기도를 연간 또는 원하는 기간 동안 비교할 수 있다. 최근 들어 트렌드 검색이 많다면 상품 구매자나 서비스 이용자가 많다는 뜻이다. 또한, 관세청 홈페이지에 들어가 수출·입 통계를 활용한다. 반도체, 철강제품, 승용차, 석유제품, 무선통신기기, 선박·자동차 부품, 컴퓨터 주변기기, 정밀기기, 가전제품이 분류되어 매월 10일, 20일, 31일 결과값이 나온다.

KDI(한국개발연구원) 사이트를 활용한다. 경제정책 정보와 관련해 삼성, 현대, KT, LG그룹 등의 다양한 보고서, KDI 경제전망 자료와 영상을 볼 수 있다. 대기업과 연구소의 전체적인 시장 향방을 볼 수 있다. 그리고 네이버 포털에 게임신문, 제약·바이오신문, 자동차신문 등 섹터별로 검색하면 특화된 자료를 업종에 맞게 볼 수 있다.

전년 동기 대비 실적 비교 자료와 트렌드 분석을 통해 안정적인 투자 확률을 높일 수 있다.

실적과 트렌드 예측 매매법

지속적인 실적 성장과 10년 이상 트렌드 종목

최근 트렌드인 메타버스와 2차전지 관련주 등에서 실적이 꾸준히 10%씩 증가하고 부채비율이 낮고 PBR이 32 이하인 종목 위주로 포착한다.

그림 17 아프리카TV 영업이익 100억 원 이상, 실적 10% 이상 성장, 부채비율 100% 이하 등

Financial Highlight [연결|전체]   단위 : 억원, %, 배, 천주

IFRS(연결)	2016/12	2017/12	2018/12	2019/12	2020/12	2021/12(P)	2022/12(E)	2023/12(E)
매출액	798	946	1,266	1,665	1,966	2,723	3,454	4,331
영업이익	160	183	271	372	504	888	1,194	1,554
영업이익(발표기준)	160	183	271	372	504	888		
당기순이익	100	147	213	342	363	709	955	1,245
지배주주순이익	102	147	216	344	366	710	959	1,250
비지배주주순이익	-2	-1	-2	-2	-3			
자산총계	834	1,034	1,575	2,286	2,920		5,118	6,637
부채총계	261	333	647	1,068	1,445		2,123	2,478
자본총계	573	701	929	1,218	1,476		2,995	4,159
지배주주지분	572	697	924	1,189	1,467		2,989	4,158
비지배주주지분	1	4	5	29	9		6	1
자본금	54	57	57	57	57		60	60
부채비율	45.58	47.55	69.60	87.66	97.91		70.88	59.58
유보율	1,063.34	1,312.53	1,690.06	2,119.78	2,687.28			
영업이익률	20.07	19.38	21.42	22.33	25.65		34.56	35.89
지배주주순이익률	12.83	15.59	17.03	20.64	18.62	26.03	27.75	28.86
ROA	13.27	15.69	16.35	17.70	13.93		21.23	21.19
ROE	19.56	23.24	26.60	32.52	27.56		37.68	34.98
EPS (원)	962	1,348	1,894	2,990	3,184	6,179	8,340	10,875
BPS (원)	5,817	7,063	8,950	11,099	13,936		27,181	37,351
DPS (원)	290	380	470	550	650		750	795
PER	25.62	14.24	20.80	23.04	19.00		16.86	12.93
PBR	4.24	2.72	4.40	6.21	4.34		5.17	3.76
발행주식수	10,872	11,305	11,495	11,495	11,495			
배당수익률	1.18	1.98	1.19	0.80	1.07			

★Part 2★ 황금 주식 발굴하기(기본적 분석법)

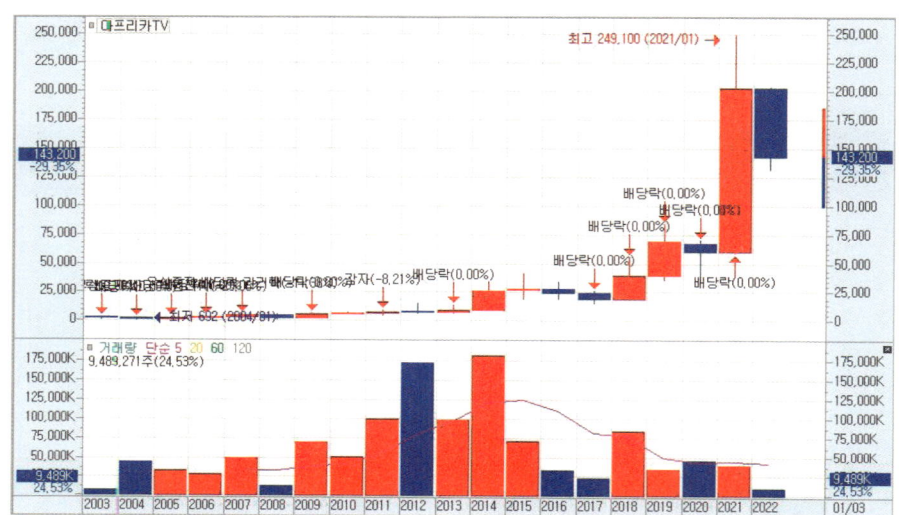

그림 18 고려아연 영업이익 100억 원 이상, 실적 10% 이상 성장, 부채비율 100% 이하 등

Financial Highlight [연결|전체] 단위 : 억원, %, 배, 천주 연결 별도 전체 연간 분기

IFRS(연결)		2016/12	2017/12	2018/12	2019/12	2020/12	2021/12(P)	2022/12(E)	2023/12(E)
매출액		58,475	65,967	68,833	66,948	75,819	99,768	109,077	107,850
영업이익		7,647	8,948	7,647	8,053	8,974	10,961	11,658	11,800
영업이익(발표기준)		7,647	8,948	7,647	8,053	8,974	10,961		
당기순이익		5,946	6,340	5,348	6,386	5,748	8,111	8,503	8,585
지배주주순이익		5,924	6,290	5,274	6,329	5,730	8,068	8,464	8,549
비지배주주순이익		22	50	74	57	19			
자산총계		64,826	70,381	72,259	78,406	84,996		101,969	107,887
부채총계		8,199	9,325	8,514	10,022	14,126		19,253	19,097
자본총계		56,627	61,057	63,745	68,384	70,870		82,716	88,790
지배주주지분		55,165	59,603	62,500	67,154	69,698		81,467	87,519
비지배주주지분		1,463	1,453	1,245	1,230	1,172		1,250	1,271
자본금		944	944	944	944	944		941	941
부채비율		14.48	15.27	13.36	14.66	19.93		23.28	21.51
유보율		5,803.51	6,273.95	6,580.99	7,074.28	7,343.87			
영업이익률		13.08	13.56	11.11	12.03	11.84		10.69	10.94
지배주주순이익률		10.13	9.54	7.66	9.45	7.56	8.13	7.76	7.93
ROA		9.60	9.38	7.50	8.48	7.04		8.72	8.18
ROE		11.18	10.96	8.64	9.76	8.37		10.82	10.12
EPS	(원)	31,395	33,336	27,950	33,541	30,363	42,755	44,856	45,307
BPS	(원)	295,176	318,698	334,050	358,714	372,193		434,561	466,637
DPS	(원)	8,500	10,000	11,000	14,000	15,000		15,818	16,000
PER		15.13	14.79	15.47	12.67	13.22		11.93	11.81
PBR		1.61	1.55	1.29	1.18	1.08		1.23	1.15
발행주식수		18,870	18,870	18,870	18,870	18,870			
배당수익률		1.79	2.03	2.54	3.29	3.74			

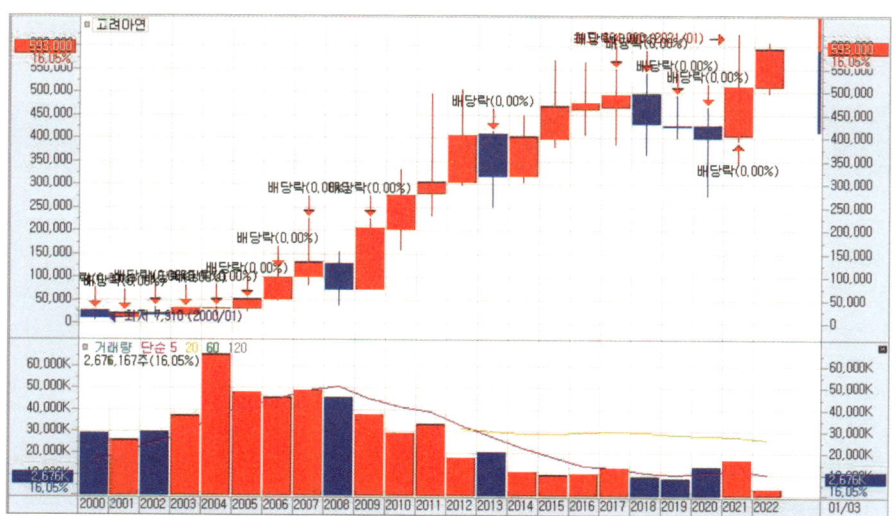

★ 2-2 ★
슈퍼개미가 매수하는 주식 선점하는 방법

　　슈퍼개미가 매수하는 주식은 변동성이 크다. 일반적으로 작은 수익보다 큰 수익을 목표로 접근하는 전략이 많다. 슈퍼개미가 접근하는 종목의 특징은 차트와 기업의 변화 패턴을 보면 알 수 있다. 책에서는 슈퍼개미라고 표현하지만 일반적으로 세력주의 특징도 포함하고 있다.

　　차트 흐름에서는 1. 상한가 눌림 종목, 2. 주봉 눌림 종목, 3. 차트가 급등/눌림/매집을 순차적으로 보인 종목, 4. 신고가 종목, 5. 최고 거래량 종목 등이 있다.

　　기업의 변화 속에서는 1. 최대주주 변경 종목, 2. 장기간 거래정지 후 재거래 종목, 3. 전환사채/무상증자 등의 발행 후 관리, 4. 유보율이 높고 시가총액이 낮은 종목, 5. 소수지점/소수계좌 거래 집중 종목 등이 있다.

차트 바닥에서 주가가 상승하기만 기대한다면 시간이 오래 걸리고 트레이딩이 지루하다. 그래서 시그널을 확인한 후 눌림목에서 공략하는 전략이 효과적이다. 다양한 시그널이 있지만 상한가/신고가/대량거래/시가총액/장기간 거래정지 등으로 확인 가능하다.

★ 스페셜 1 ★

상한가 눌림 종목 매매

상한가 발생 후 상한가 발생 전 지지 자리에서 매수

　상한가 눌림 종목 매매법을 이해하면 지속적인 단기 트레이딩이 가능하다. 이 트레이딩 방법은 초단기적으로 유용한 스페셜 매매법이며 이 책에서만 소개되는 시크릿 투자법이다. 지금까지 확률은 90% 이상이지만 제약·바이오 종목은 재무가치 평가가 어려워 배제한다.

　상한가 발생 후 눌림목에서 적극적으로 공략한다. 돌파 매매도 있고 다양하지만 눌림 매매는 손실이 적고 리스크 관리에도 뛰어나다. 매매법은 상한가 캔들 발생 전에 저항 구간을 활용한다. 저항과 지지는 돌파 여부에 따라 결정된다. 특정 가격대를 돌파하지 못하고 세 번 이상 반복되면 그 자리를 저항이라고 부른다. 하지만 그 가격대 자리를 강하게 돌파하고 다시 내려오면 그 자리는 역으로 지지대가 된다. 이 지지대 자리를 매수 포인트로 보고 접근한다. 그 자리를 돌파할 때 많은 자금이 쓰였고 시작했던 가격대이므로 하락 시 재반등을 기준으로 할 수 있는 시작 단가이기 때문이다.

　분할매매법은 눌림 지지대 구간에서 1차 매수, 눌림 지지대 구간에서

10% 조정 시 2차 매수, 눌림 지지대 구간에서 20% 조정 시 3차 매수한다. 1차 매수만 될 경우, 7% 이상 수익 트레이딩이 가능하며 2차(10% 조정 시) 매수 시 50%는 본전 자리에 오면 매도 후 트레이딩, 3차(20% 조정 시) 매수 시 본전에서 전량 매도한다.

그림 19 대성에너지 전쟁 우려감 지속으로 유가급등 수혜주로 부각

@ 상한가는 29% 화살표로 표시, 노란색 부근에서 분할 매수 전략, 2배 이상 급등

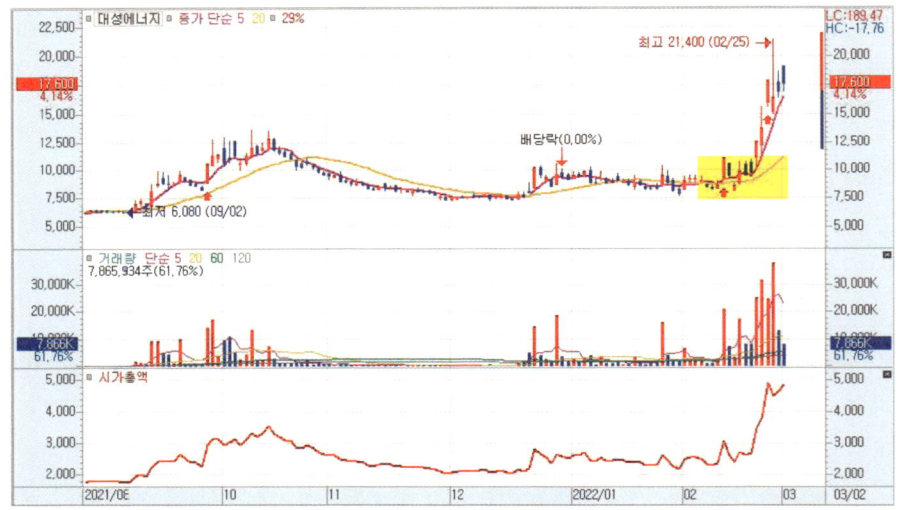

그림 20 갤럭시아머니트리 NFT 플랫폼 관련주로 부각

@ 상한가는 29% 화살표로 표시, 노란색 부근에서 분할 매수 전략, 20% 이상 단기 급등

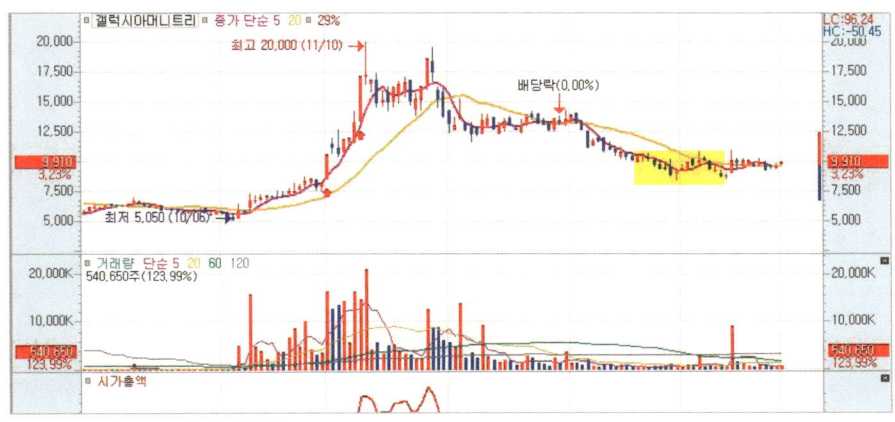

그림 21 대동전자 품절주 및 저 PBR 관련주로 부각

@ 상한가는 29% 화살표로 표시, 노란색 부근에서 분할 매수 전략, 20% 이상 단기 급등

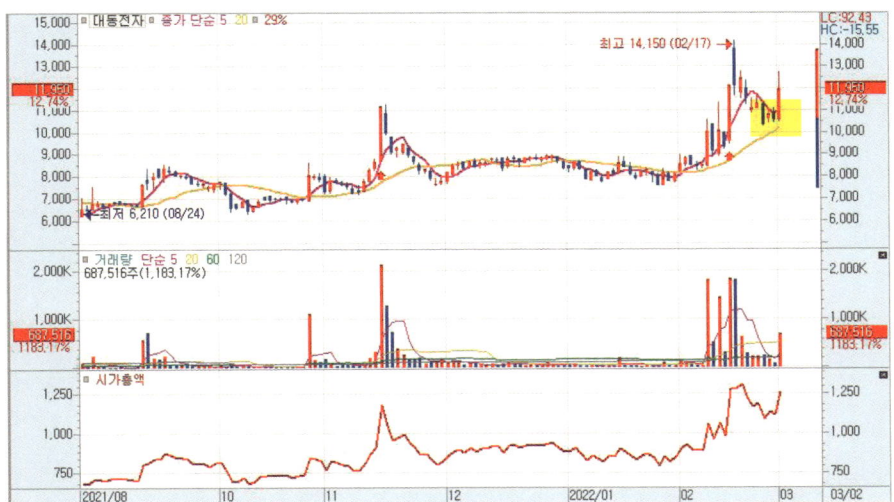

그림 22 KEC 전기차 및 자율주행 관련주로 부각

@ 상한가는 29% 화살표로 표시, 노란색 부근에서 분할 매수 전략, 20% 이상 단기 급등

★ 스페셜 2 ★

주봉 눌림 종목 매매

급등 후 주봉 대량거래 발생 전 지지 자리에서 매수

주봉 눌림 종목 매매법을 이해하면 지속적인 스윙 트레이딩이 가능하다. 이 트레이딩 기법은 스윙 매매에 유용한 방법으로 스페셜 매매법이며 이 책에서만 소개되는 시크릿 투자법 중 하나다. 지금까지 확률은 80% 이상이지만 제약·바이오 종목은 재무가치 평가가 어려워 배제한다.

주봉 대량거래, 양봉 캔들 발생 후 눌림 자리에서 적극적으로 공략한다. 돌파 매매도 있고 다양하지만 눌림 매매는 손실이 적고 리스크 관리에도 뛰어나다. 매매법은 주봉 대량 거래 캔들 발생 전에 저항 구간을 활용한다. 저항과 지지는 돌파 여부에 따라 결정된다. 특정 가격대를 돌파하지 못하고 세 번 이상 반복되면 그 자리를 저항이라고 부른다. 하지만 그 가격대 자리를 강하게 돌파하고 다시 내려오면 그 자리는 역으로 지지대가 된다. 이 지지대 자리를 매수 포인트로 보고 접근한다. 그 자리를 돌파할 때 많은 자금이 쓰였고 시작했던 가격대이므로 하락 시 다시 재반등을 기준으로 할 수 있는 시작 단가이기 때문이다.

분할대매법은 눌림 지지대 구간에서 1차 매수, 눌림 지지대 구간에서 10% 조정 시 2차 매수, 눌림 지지대 구간에서 20% 조정 시 3차 매수를 진행한다.

1차 매수만 될 경우, 10% 이상 수익 트레이딩이 가능하며 2차(10% 조정 시) 매수 시 50%는 본전 자리에 오면 50% 매도 후 트레이딩, 3차(20% 조정 시) 매수 시 본전에서 전량 매도를 진행한다.

매매법은 상한가 눌림 매매법과 비슷하지만 주봉을 보고 투자하므로 단기보다 스윙 트레이딩에 적합하다.

그림 23 수성이노베이션 전기 택배차 관련주 및 매출액 5배 이상 상승 기대감에 부각
@ 대량거래 장대 양봉은 노란색 구간으로 표시. 대량거래 장대 양봉 발생 전 지지대에서 분할 매수

그림 24 한일네트웍스 보안/배당/최대주주 변경 이슈 등으로 부각

@ 대량거래 장대 양봉은 노란색 구간으로 표시, 대량거래 장대 양봉 발생 전 지지대에서 분할 매수

65

★Part 2★ 황금 주식 발굴하기(기본적 분석법)

차트가 급등/눌림/매집을 순차적으로 보인 종목

**가격조정/시간조정/박스권 횡보 발생 후
대량거래 발생(400% 이상) 시 접근**

　차트가 급등 이후 눌림이 발생한다. 일반적으로 주가는 일정한 상승을 하면 하락해 횡보 후 재반등 모멘텀이 지속적으로 기대된다. 주식은 가격조정 이후 시간조정이 발생한 후 재상승하기 시작한다. 상승하기 시작할 때 주봉 대량거래가 발생한다.

그림 25 팜스빌 안정적인 재무구조와 품절주로 부각

@ 급등 후 눌림(가격조정), 박스권(시간조정) 발생, 주봉 양봉 대량거래 발생(400% 이상)

그림 26 한일화학 안정적인 재무구조와 아연 가격 상승으로 기대감

@ 급등 후 눌림(가격조정), 박스권(시간조정) 발생, 주봉 양봉 대량거래 발생(400% 이상)

트레이딩 Tip 13

신고가 종목

신고가 돌파 후 상승, 지지대 눌림 자리에서 공략

신고가 돌파 종목은 향후 큰 시세를 기대할 수 있다. 악성 매물대를 모두 소화했기 때문이다. 하지만 신고가 종목을 무조건 추격 매수하기에는 가격적인 부담감이 있다. 신고가를 돌파한 마지막 저항대 구간에서 매수 포인트를 공략한다.

그림 27 다날 페이코인 결제 영역 확대 기대감에 강세

@ 신고가 돌파 후 저항대 눌림 구간에서 매수 포인트

그림 28 서울옥션 미술 NFT 시장 대장주로 부각

@ 신고가 돌파 후 저항대 눌림 구간에서 매수 포인트

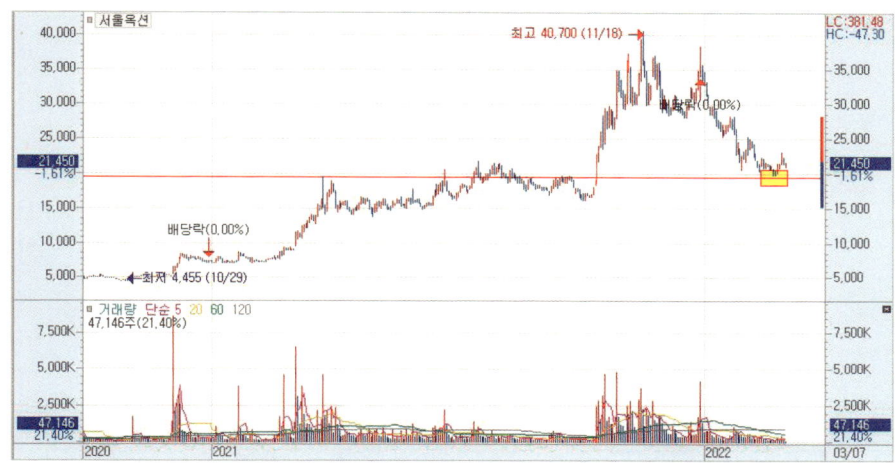

최고 거래량 종목

최고 거래량 발생 후, 데칼코마니 하락 부근에서 매수 포인트

　최고 거래량 발생 후 상승하는 경우도 있지만 대부분 하락한다. 다양한 이유가 있지만 최고 거래량 발생은 매수와 매도 둘 다 많았다는 뜻이기 때문이다. 특히 고점 부근에서 최고 거래량 발생 시 새로운 매수세는 언제든지 매도 수량이 될 수 있다. 하지만 대량 매수가 들어온 구간에서 데칼코마니 부근에서는 저가로 인식되어 재매수가 들어오는 경우가 있다. 데칼코마니 캔들 기준은 최고 거래량이 발생한 양봉 캔들이다. 양봉 캔들(종가-시가 > 0) 부분을 가격 기준으로 같은 폭만큼 아래로 뒤집은 가격이다. 예를 들어 양봉 캔들 크기가 3,000원이었다면 양봉 저가 기준으로 3,000원을 차감한 값이 매수 포인트가 된다.

그림 29 유진테크 SK하이닉스와 계약 등 반도체 실적 관련주로 부각

@ 최고 거래량 장대 양봉 발생 후, 데칼코마니 하락 구간에서 매수 포인트

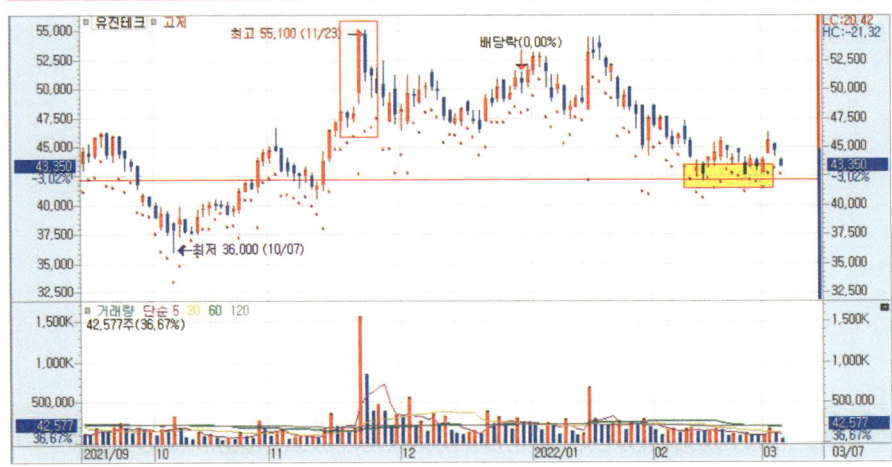

그림 30 라이온켐텍 인조 대리석 및 합성 왁스 생산 관련주로 안정적인 재무 구조

@ 최고 거래량 장대 양봉 발생 후, 데칼코마니 하락 구간에서 매수 포인트

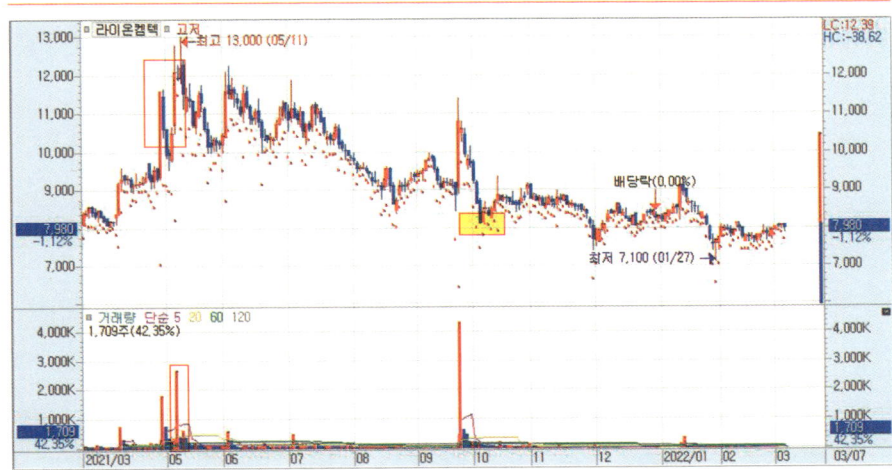

최대주주 변경 종목

**최대주주 변경 후 눌림 구간에서 단기 트레이딩 가능,
지난 2년간 성과 확인 후 접근 가능**

　기업의 최대 변화는 최대주주 변경이다. 새로운 경영진이 회사의 체질 개선과 새로운 목표로 회사를 변경하고자 한다. 일반적으로 공시가 나오면 "최대주주 변경"이라고 나온다. 우선 "최대주주 변경을 수반하는 주식 양수도 계약 체결" 후 잔금 납입 후 "최대주주 변경"이 이뤄진다. 상황에 따라 "최대주주 변경을 수반하는 주식 양수도 계약 체결" 대신 "투자 판단 관련 주요 경영사항"으로 공시가 나오기도 한다. 최대주주 변경 후 눌림 구간에서 공략한 후 단기 트레이딩이 가능하고 2년 후 성과를 보고 접근하는 전략도 유효하다.

그림 31 HLB 테라퓨틱스   회사의 기술력과 자금력이 투입되면서 시너지효과 기대감

@ 최대주주 변경 후 눌림 자리에서 공략

그림 32 다믈멀티미디어   차량용 반도체 관련주로 부각

@ 최대주주 변경 후 눌림 자리에서 공략

장기간 거래정지 후 재거래 종목

**불안정한 회사 시가총액 550억 원 이하,
안정적인 회사는 시가총액 950억 원 이하 분할 접근**

　장기간 매매정지 후 재상장되는 종목은 기대가 된다. 스팩이 합병기업을 찾아 거래정지 후 재거래되거나 상장폐지 심사에 들어갔다가 상장유지 조건이 충족되어 재거래되는 두 가지 경우가 있다. 공시사항에 "기준가 산정 등에 대한 안내"(장기간 매매정지)를 참고하면 된다.

　장기간 매매정지 후 재거래되는 경우는 두 가지로 구분된다. 현재 회사의 안정화가 확실하지 않으면 시가총액 550억 원 기준으로 100억 원 씩 하락할 때마다 분할 매수하는 전략과 회사가 현재 성장성이 뚜렷하면 시가총액 950억 원 기준으로 100억 원 씩 하락할 때마다 분할 매수하는 전략이 유효하다.

그림 33 엠피대산 대산포크와 인수 후 시너지효과 기대

@ 시가총액 950억 원, 850억 원 분할 매수 전략

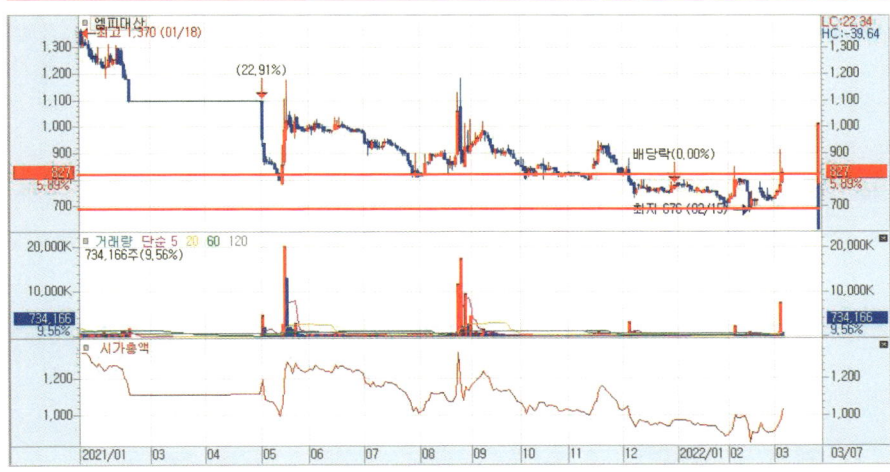

그림 34 THQ 안테나 사업부 운영으로 턴어라운드 기대

@ 시가총액 550억 원, 450억 원 분할 매수 전략

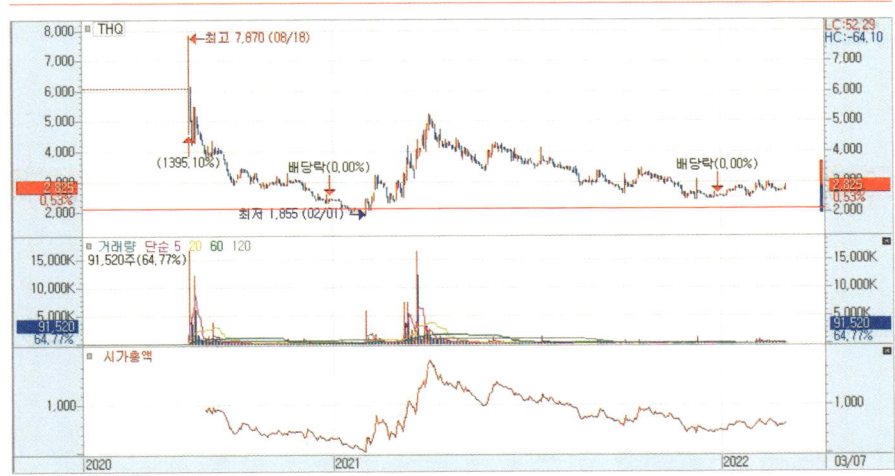

그림 35 코아시아옵틱스 스마트폰 광학렌즈 개발, 제조, 판매

@ 시가총액 950억 원, 850억 원 분할 매수 전략

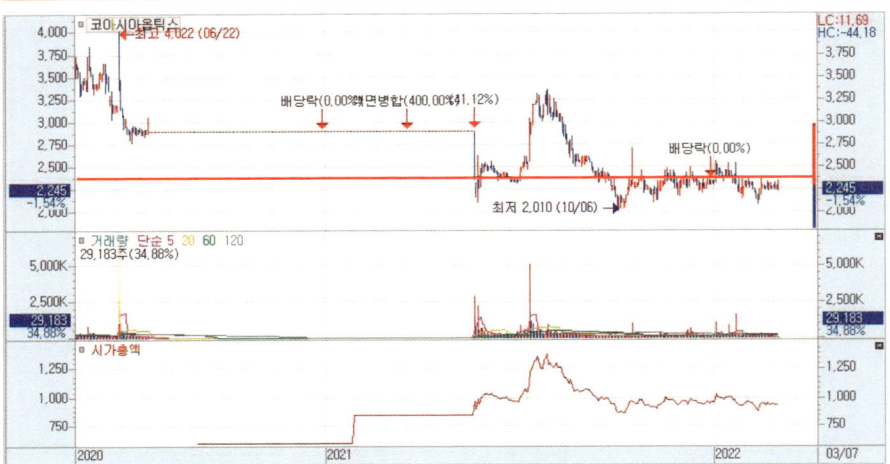

전환사채/무상증자 등의 발행 후 관리

무상증자 권리락 이후 단기 트레이딩 가능/무상증자 주식 배분이 완료되기 전 마무리

전환사채는 주가가 오르면 전환가액을 의무적으로 올려야 하고 매수 선택권(콜옵션) 발행 한도도 지분율 이내로 제한되므로 이제 전환사채를 발행할 시점이 저점이 될 가능성이 높다. 무상증자는 주식 보유자에게 비율대로 무료로 주는 제도다. 단기적으로 권리락 후 나눠주기로 한 만큼 시가총액이 줄어든다. 무상증자 주식이 배분되기 전에 단기 트레이딩이 가능하다.

그림 36 알로이스 안드로이드 OTT 셋톱박스 전문업체

@ 권리락 이후 턴어라운드 자리 공략

그림 37 에디슨EV 쌍용차 인수 기대감

@ 권리락 이후 턴어라운드 자리 공략

그림 38 위메이드 위믹스 플랫폼 시장 기대감
@ 권리락 이후 턴어라운드 자리 공략

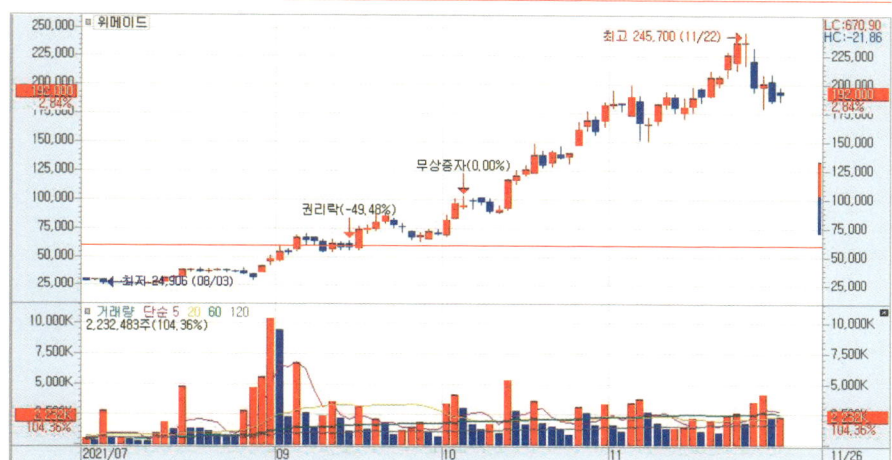

유보율이 높고 시가총액이 낮은 종목

시가총액 700억 원 이하, 유보율 500% 이하 종목 중 모멘텀 확인 후 접근

시가총액이 낮고 유보율이 높은 종목은 언제든지 새로운 기회를 맞을 수 있다. 새로 다른 회사에서 인수하거나 신사업을 주도할 수도 있다. 시가총액은 700억 원 이하, 유보율은 500% 이상이 좋다. 유보율은 회사가 유보액/자본금×100이다.

그림 39 코리아에스이 토목 자재 부품제조 및 판매, 시공, 연구개발을 목적으로 사업 영위

@ 유보율 600% 이상, 시가총액 300억 원 이하

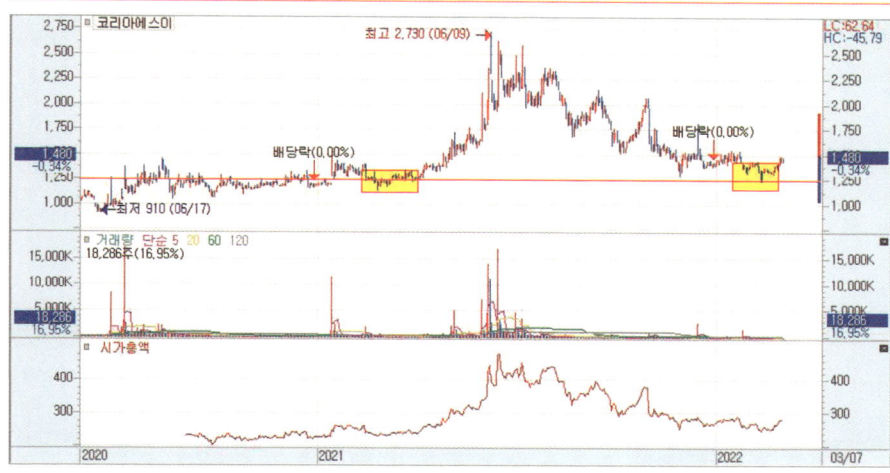

그림 40 슈프리마아이디 생체인증 간편 기술 미국 특허 확보

@ 유보율 2,000% 이상, 시가총액 500억 원 이하

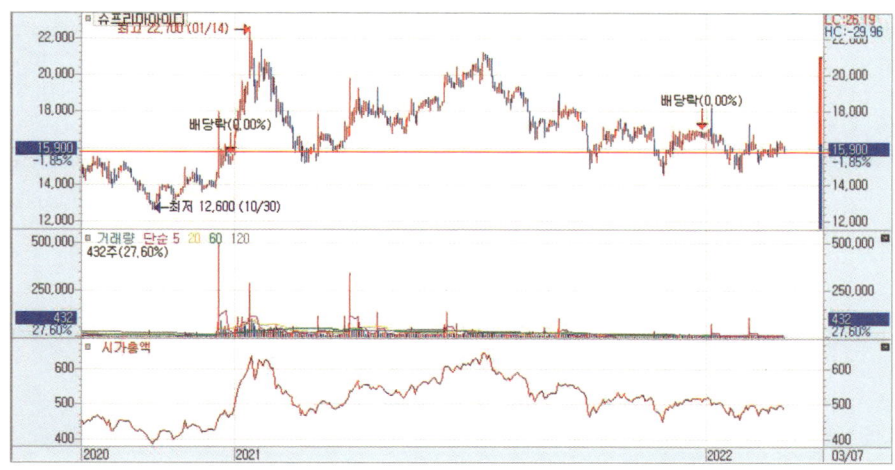

소수지점/소수계좌 거래 집중 종목

소수지점/소수계좌 거래 집중 매수 뉴스가 나온 후 단기 트레이딩 접근

소수지점/소수계좌 거래 집중 종목은 특정 창구에서 강한 매수세가 유입된 것이다. 물론 매도 소수 종목이 아닌 매수 종목을 본다. 상승 모멘텀이 있고 특정 창구에 매수세가 들어온 것은 강한 이슈가 있을 가능성이 높다는 뜻이다.

그림 41 동양파일 콘크리트 파일 가격 강세에 실적 턴어라운드 기대감

@ 소수지점/소수계좌 공시 이후 눌림 자리 공략

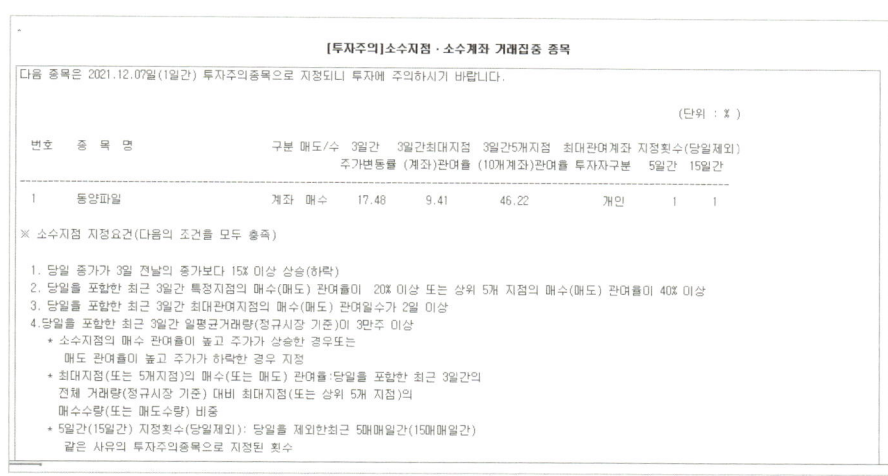

그림 42 일지테크 자동차 차체를 구성하는 각종 패널류 생산, 판매

@ 소수지점/소수계좌 공시 이후 눌림 자리 공략

[투자주의] 소수지점 · 소수계좌 거래집중 종목

다음 종목은 2021.12.06일(1일간) 투자주의종목으로 지정되오니 투자에 주의하시기 바랍니다.

(단위 : %)

번호	종목명	구분	매도/수 주가변동률	3일간 (계좌)관여율	3일간최대지점 (10개계좌)관여율	3일5개지점 투자자구분	최대관여계좌 5일간	지정횟수(당일제외) 15일간
1	일지테크	계좌	매수	15.20	9.37	46.80	외국인	0	0

※ 소수지점 지정요건(다음의 조건을 모두 충족)

1. 당일 종가가 3일 전날의 종가보다 15% 이상 상승(하락)
2. 당일을 포함한 최근 3일간 특정지점의 매수(매도) 관여율이 20% 이상 또는 상위 5개 지점의 매수(매도) 관여율이 40% 이상
3. 당일을 포함한 최근 3일간 최대관여지점의 매수(매도) 관여일수가 2일 이상
4. 당일을 포함한 최근 3일간 일평균거래량(정규시장 기준)이 3만주 이상
    * 소수지점의 매수 관여율이 높고 주가가 상승한 경우또는
      매도 관여율이 높고 주가가 하락한 경우 지정
    * 최대지점(또는 5개지점)의 매수(또는 매도) 관여율:당일을 포함한 최근 3일간의
      전체 거래량(정규시장 기준) 대비 최대지점(또는 상위 5개 지점)의
      매수수량(또는 매도수량) 비중
    * 5일간(15일간) 지정횟수(당일제외): 당일을 제외한최근 5매매일간(15매매일간)
      같은 사유의 투자주의종목으로 지정된 횟수

★ 2-3 ★
미리 매수해 외국인/기관/슈퍼개미에게 파는 법

외국인/기관이 매수하는 종목 기준은 실적이다. 실적이 지속적으로 증가하면 외국인과 기관 수급은 지속된다. 하지만 외국인/기관이 매수해 상승하는 종목은 대부분 시가총액이 큰 경우가 많다. 우리가 아는 코스피 200이나 코스닥 150의 종목인 경우가 많다. 연기금이나 투자신탁처럼 대신해 투자해주므로 일정한 조건이 맞지 않으면 쉽게 매수하기 어렵다. 외국인/기관이 매수하는 종목은 대부분 단타로는 2~3%, 단기로는 7%, 스윙으로는 20% 목표 수익이 적합하다. 또는 장기투자로 매월 분할 매수하는 전략이 유효하다. 시가총액이 높은 종목이 많으므로 매도하기 쉽다.

슈퍼개미가 매수하는 종목 기준은 모멘텀이다. 회사가 급성장하거나 흑자전환, 최대주주 변경 등의 모멘텀이다. 단기적으로는 7%, 스윙 20%, 6개월 50~100% 목표수익률을 잡는다. 외국인/기관이 매수하는 종목에 비해 시가총액이 낮으므로 변동성이 크다. 시가총액이 작은 종목은 매도하기 어려우므로 매수 시 1개월 평균 거래량의 1/100만큼 매수한다. 매도도 분할 전략이 유효하다.

우선 목표수익률이 있더라도 당일 20% 이상 상승하면 우선 50% 매도한다. 물론 상승의 시작점일 수도 있지만 일반적으로 70%는 단기 투매 물량이 나올 가능성이 높다.

우리가 말하는 세력주는 저점 기준 50%, 2배, 3배, 5배, 6배, 8배, 10배 구간으로 목표를 잡는다. 물론 더 상승하는 경우도 있지만 10배 상승 텐배거이면 조정받는 경우가 많다.

★2-4★
주식의 BCG 매트릭스 분석법

　　스타(STAR)가 될 기업을 선택한다. 보스턴 컨설팅그룹의 BCG 매트릭스 전략 평가 기법에서 성장성/수익성 둘 다 낮은 종목을 Barking Dog(짖는 개), 성장성이 낮고 수익성이 높은 종목을 Cash Cow(현금을 제공하는 소), 성장성이 높고 수익성이 낮은 종목을 Question Mark(물음표)라고 한다. 그중 STAR(별)인 성장성과 수익성 둘 다 뛰어난 기업을 주목한다. 그런데 Cash Cow 종목이 성장성이 높아지거나 Question Mark 종목이 실적이 증가하면서 STAR로 변동될 때 강력한 상승이 나온다. 예를 들어 2차전지 관련주가 단순히 성장성 기대치가 있을 때와 직접 실적이 급증할 때 주가 추이는 확연한 차이가 발생했다. 미국의 대표적 기업인 아마존, 넷플릭스도 기대감에 실적 급증으로 이어질 때 주가 변동성이 컸다. 즉, 떠오르는 스타(수익성+성장성)가 될 종목을 예측해 현명한 투자를 하는 것이 가장 안정적이고 강력한 수익을 얻는 방법이다.

그림 43 BCG MATRIX

그림 44 에코프로비엠 2차전지 양극재 실적 발생 후 급등

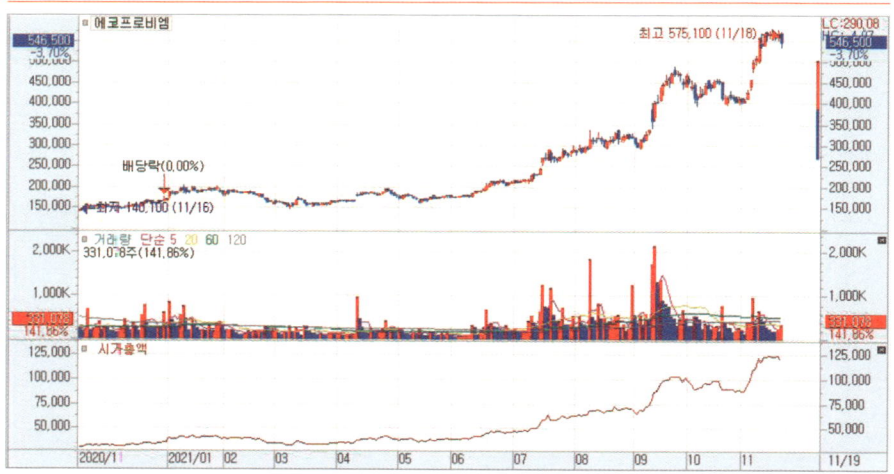

★2-5★
주식의 5 Forces 모델 분석법

    5 Forces 모델 분석법은 5가지 경쟁요인을 의미한다. 1. 기존 기업간 경쟁 정도, 2. 신규 기업의 진입 위험, 3. 대체재의 위협, 4. 구매자와의 협상력, 5. 공급자와의 협상력을 비교해 나타낸 값이다.

    예를 들어 삼성전자를 분석할 때 1. 기존 기업간 경쟁 정도는 TSMC와의 경쟁우위, 2. 신규 기업의 진입 위험은 중국의 반도체 굴기 상황, 3. 대체재의 위협은 삼성전자 QLED 대신 LG전자 OLED 디스플레이 사용, 4. 구매자와의 협상력은 이마트, 롯데마트, 백화점 등에 전시할 때 메이저 공간에 노출되는 부분, 5. 공급자와의 협상력은 ASML의 EUV 노광장비를 얼마나 확보할 수 있느냐로 분석할 수 있다.

이 5가지 기준으로 기업을 다각도에서 볼 수 있고 다양한 부분의 분석을 놓치지 않을 수 있다. 5 Forces 모델 분석법을 통해 경쟁우위가 강한 기업을 매수할 타이밍이 왔다면 매수하는 전략이 유효하다.

그림 45 5 Forces 모델

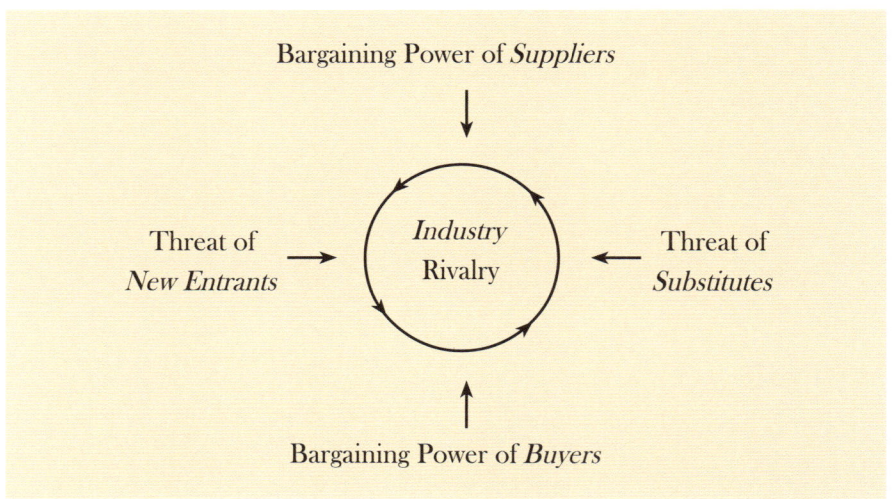

그림 46 삼성전자 글로벌 기업으로 도약/메모리 반도체 선두주자로 부각

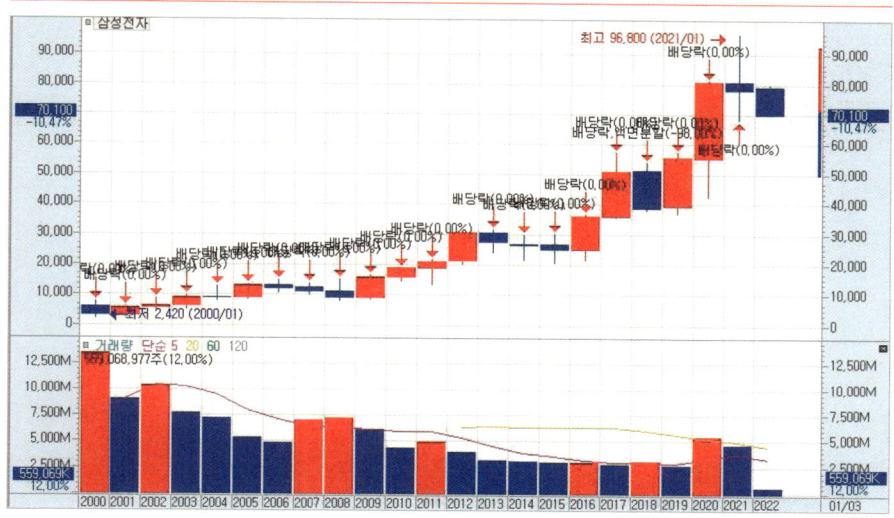

★Part 2★ 황금 주식 발굴하기(기본적 분석법)

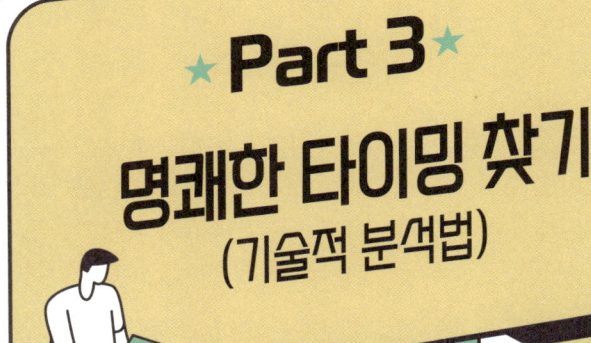

Part 3
명쾌한 타이밍 찾기
(기술적 분석법)

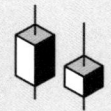

주식을 사기보다 때를 사라

아무리 좋은 주식도 고점에서 매수하면 수익이 크지 않고 손실날 확률이 높다. 주식은 때를 사는 것이다. 기술적 분석법을 통해 타이밍을 찾을 수 있다. 기술적 분석 원리를 이해하고 응용력을 키운다면 한 종목도 수백 개 종목처럼 타이밍에 따라 여러 번 매매할 수 있다.

★3-1★
캔들, 주가 파동의 처음과 끝 신호

주가 캔들은 시가, 종가, 고가, 저가 모두 표시한다. 시가는 아침 9시에 시작되는 주식 가격이다. 종가는 오후 3시 30분 주식 마감 가격이다. 고가는 정규 매매시간 중 가장 높은 가격이고 저가는 정규 매매시간 중 가장 낮은 가격이다.

양봉(빨간색 막대)은 시가 대비 종가가 오른 경우이고 음봉(파란색 막대)은 시가 대비 종가가 내린 경우다. 그중 장대 양봉과 장대 음봉은 일반적으로 종가와 시가 차이가 7% 이상 발생할 때다.

캔들은 여러 가지가 있지만 실전에서 많이 쓰이는 패턴은 망치형, 십자형, 장대형 캔들이다.

망치형 캔들은 망치 모양으로 캔들의 몸통이 위에 있고 아래에 꼬리가 있는 모양이다. 역망치형 캔들은 꼬리가 위에 있고 캔들의 몸통이 아래에 있는 모양이다. 일반적으로 저가에서 나오는 망치형 캔들은 하락에서 상승 반전을 의미하고 고가에서 나오는 역망치형 캔들은 상승에서 하락 반전을 의미한다.

십자형 캔들은 십자가 모양으로 도찌형 캔들이라고도 부른다. 도찌는 어디라는 뜻으로 앞으로 나올 다음 캔들에 따라 방향이 결정된다는 뜻이다. 십자형 캔들은 종가와 시가 부근의 가격대가 거의 일치하는데 그 차이는 1.5% 이내다. 즉, 장중 매수의 힘과 매도의 힘이 균형을 이뤘다는 의미로 다음 날 캔들에 따라 힘의 기울기가 바뀔 가능성이 높다. 특히 같은 구간에서 십자형 캔들이 여러 번 발생한다면 변화가 예상된다.

장대형 캔들은 힘이 한쪽으로 강하게 치우친 흐름이다. 장대 양봉은 상승하는 힘의 세기로 기울어진 패턴이고 장대 음봉은 하락하는 힘이 강한 것이다. 장대 양봉은 차트 바닥에서 발생할 때 상승할 가능성이 높은 반면, 장대 음봉은 차트 고점에서 발생할 때 하락할 가능성이 높다.

주가 하단 망치형 캔들 발생 종목

망치형 캔들의 저가를 손절가로 잡고 트레이딩

최저가에서 장중 악성 매물을 소화하고 아래 꼬리를 길게 만들고 상승한다면 추세 전환을 의미한다.

그림 47 삼성전자 주가 하단 망치형 캔들 발생 종목

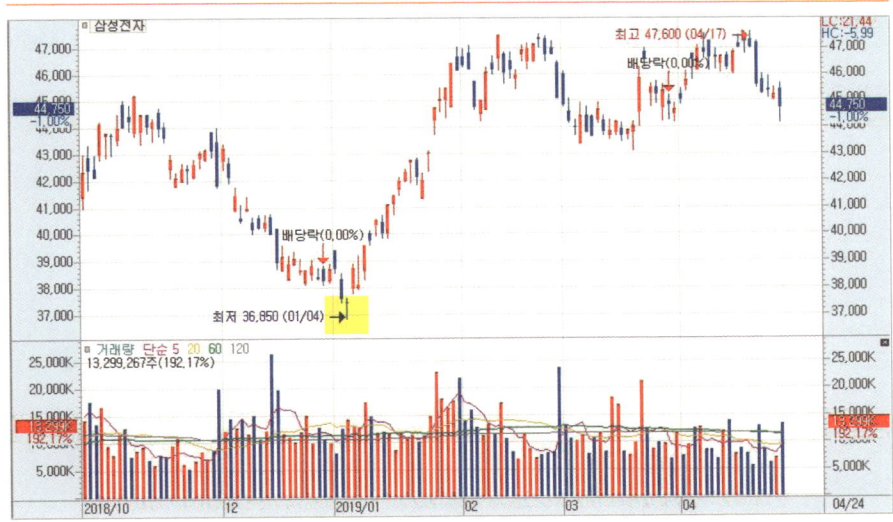

97

★Part 3★ 명쾌한 타이밍 찾기(기술적 분석법)

그림 48 삼성SDI 주가 하단 망치형 캔들 발생 종목

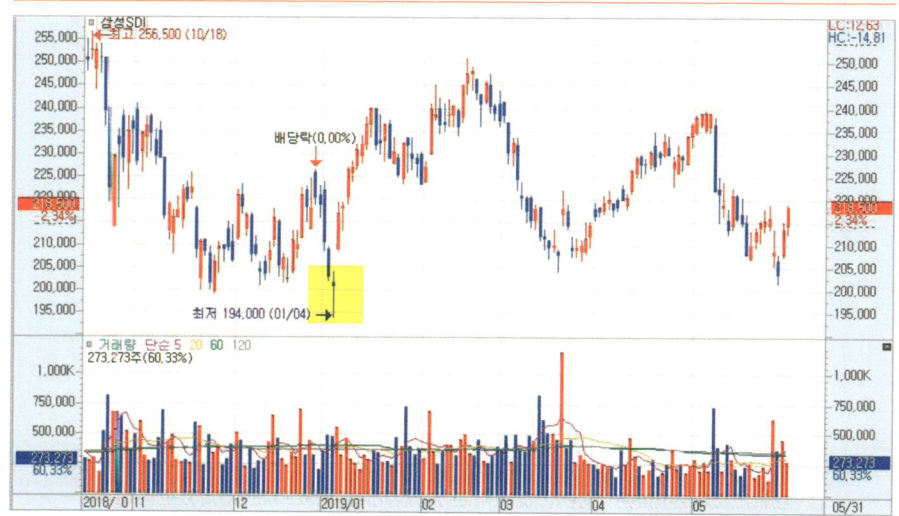

차트 바닥에서 장대 양봉 발생 종목(갈매기 기법)

엘리엇 3파 중 전고점 돌파, 장대 양봉 패턴 후 눌림목 공략

　엘리엇 파동 중 3파에서 접근하는 방법이다. 바닥에서 전고점을 돌파할 때 장대 양봉을 주목한다. 전고점 돌파, 장대 양봉(새우깡)이 나오고 눌림(갈매기 부리로 누르는 모양)이 발생할 때 접근한다.

그림 49 갈매기 패턴 엘리엇 파동과 갈매기 패턴

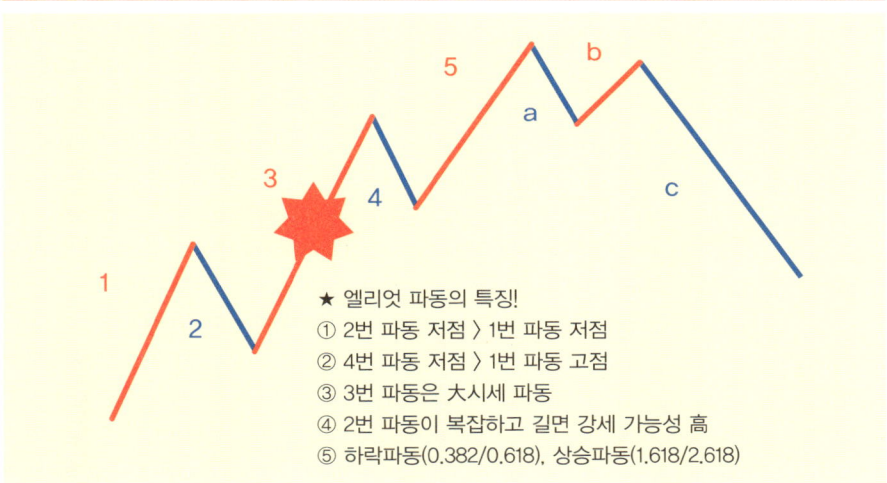

★ 엘리엇 파동의 특징!
① 2번 파동 저점 〉 1번 파동 저점
② 4번 파동 저점 〉 1번 파동 고점
③ 3번 파동은 大시세 파동
④ 2번 파동이 복잡하고 길면 강세 가능성 高
⑤ 하락파동(0.382/0.618), 상승파동(1.618/2.618)

그림 50 컴투스홀딩스 **갈매기 패턴**

갈매기 모양 발생, 장대 양봉(새우깡), 눌림 공략(부리)

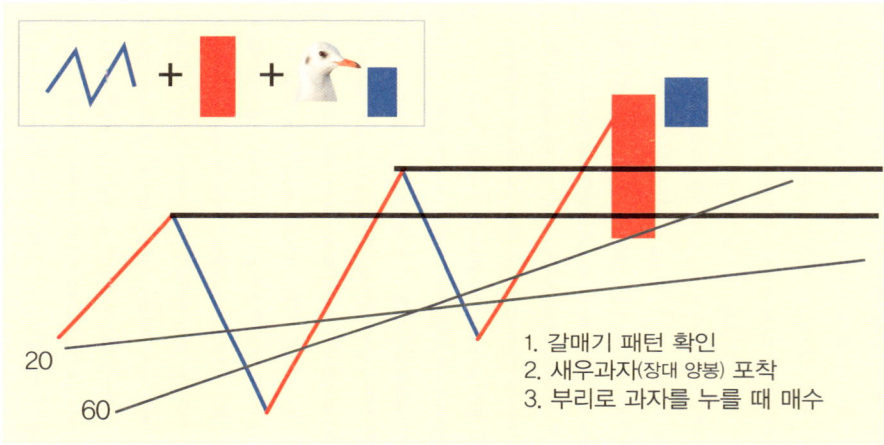

1. 갈매기 패턴 확인
2. 새우과자(장대 양봉) 포착
3. 부리로 과자를 누를 때 매수

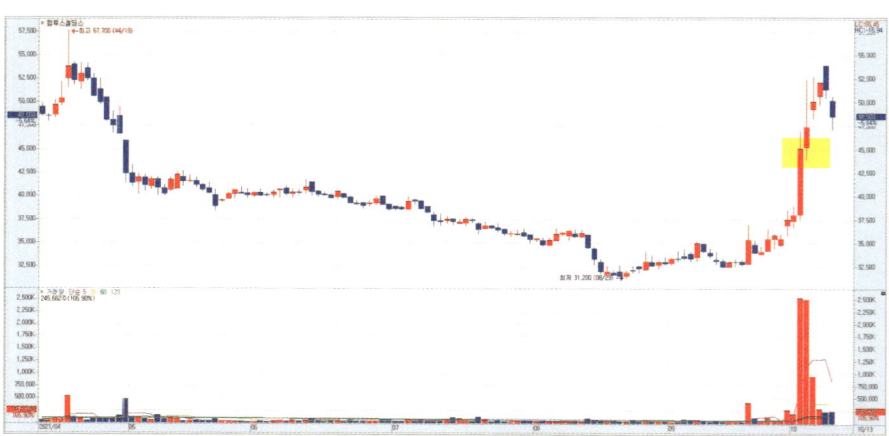

★ 3-2 ★
이동평균선, 상승과 하락 추세 파악

　이동평균선은 일정 기간의 주가를 산술평균한 값이 주가 이동평균을 차례대로 연결한 선이다. 주식시장에서 주가, 거래량, 거래대금은 매일 변하지만 특정 기간을 놓고 보면 일정한 방향성을 띤다. 이를 수치화한 것이 이동평균선인데 장기(120일), 중기(60일), 단기(5일, 20일) 이동평균선이 있다.

　주가 이동평균선은 일정 기간의 주가를 산술평균한 값이 주가 이동평균을 차례대로 연결한 선으로 주가의 평균치를 나타내는 지표다. 주가 이동평균은 매일 계산된다.

　예를 들어 특정일의 '5일 이동평균'을 계산하려면 해당 날짜를 포함한 최근 5일간 주가(종가 기준)를 합산해 5로 나누면 된다. 그렇게 나온 매일매일의 값을 하나의 선으로 연결한 것이 '5일 주가 이동평균선'이다. 주가 이동평균선은 해당 시점에서 시장의 전반적인 주가 흐름을 판단하고 향후 주가 추이를 전망하는 데 사용되는, 주식시장의 대표적인 기술지표다.

이동평균선을 그리다 보면 서로 교차하게 된다. 단기선이 장기선을 뚫고 올라가거나 아래로 내려간다. 교차로처럼 평균선들이 만나기 때문에 크로스라고 부르며 골든크로스나 데드크로스가 나타난다. 골든크로스는 단기 이동평균선이 장기 이동평균선 위에 있는 경우이고 데드크로스는 단기 이동평균선이 장기 이동평균선 아래에 있는 경우를 말한다. 이동평균선이 매매에 도움이 되는 것은 집단세뇌선이자 홀리는 선이기 때문이다.

(1) 집단세뇌선

이성적이고 객관적으로 판단하면 이동평균선은 맞으면 안 된다. 시장가격 변화를 이동평균선이라는 획일적인 잣대로 어떻게 매매 기준을 잡을 수 있을까? 하지만 이동평균선은 확률적으로 잘 맞고 이동평균선을 이용해 수익을 얻는 경우도 많다. 그 이유 중 하나는 집단세뇌선이기 때문이다. 오랫동안 우리는 증권방송이나 책에서 이동평균선을 공부했고 그것을 통해 매매했다. 그 결과, 자연스럽게 투자자들은 이동평균선을 이용해 지지선과 저항선을 만들었다. 수많은 투자자가 집단적으로 세뇌당해 이동평균선 근처에 오면 지지를 생각해 매수하게 되고 돌파하면 급등을 예상해 매수하고 이탈하면 급락을 예상해 매도하는 패턴이 만들어졌다.

⑵ 홀리는 선

　세력은 주가를 급등시킨 후 개인투자자에게 물량을 떠넘겨 시세차익을 얻는다. 그러려면 개인이 세력주에 관심을 가져야 한다. 관심을 끄는 방법은 다양한데 특히 차트를 예쁘게 그려(세력 차티스트의 역할) 개인투자자가 관심을 갖고 매수하게 만든다. 일정한 이동평균선을 지켜주면서 종목의 주가를 올려주면 개인은 안정감에 세력을 따라 사게 된다. 또한, 일정한 이동평균선을 지켜주면서 주가를 올리면 개인도 믿음이 생기면서 매도 물량을 줄인다. 매도 물량이 줄면서 세력은 주가를 더욱더 안정적으로 올릴 수 있게 되고 원하는 가격대까지 더 쉽게 올린다. 목표량까지 올리면 세력은 과감히 매도하기 시작한다. 그런데 투자자는 시그널이 나왔는데도 불구하고 매수는 쉽게 했지만 과욕 때문에 매도하지 못해 큰 손실을 보는 경우가 많다.

종류: **단기 세력선**(3일선, 5일선, 10일선), **추세선**(20일선, 60일선), **중 · 장기선**(120일선, 240일선), **강력지지 · 저항선**(200일선, 300일선)

차트 바닥에서 5일선과 20일선 골든크로스

　차트 바닥에서 모멘텀이 유지되고 5일선과 20일선이 골든크로스하면 매수 기회로 본다. 단, 기존 모멘텀이 유지되고 단순한 시장 상황의 악화나 수급 문제로 약세 흐름을 보인 종목이어야 한다.

그림 51 갤럭시아에스엠 **5일선/20일선 골든크로스**

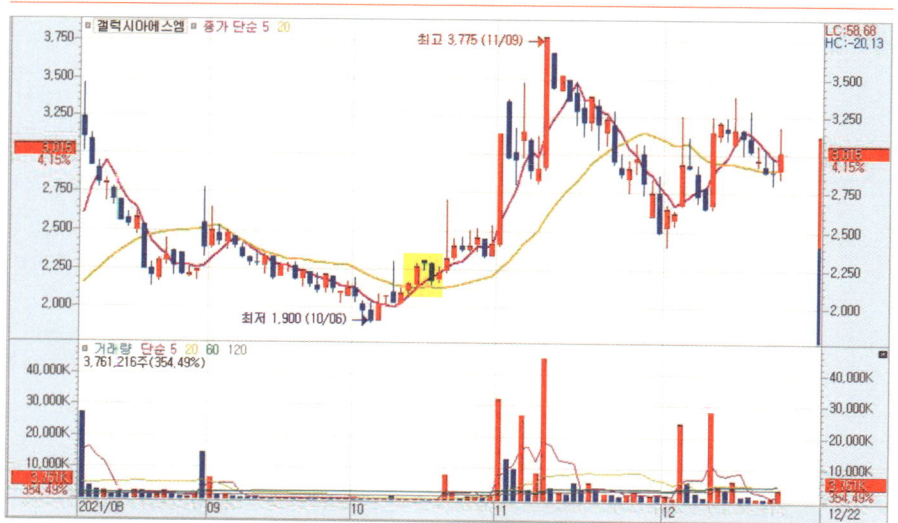

그림 52 선데이토즈 5일선/20일선 골든크로스

105
★Part 3★ 명쾌한 타이밍 찾기(기술적 분석법)

10가지 이동평균선으로 위치 파악 매매법

5일, 10일, 20일, 60일, 120일, 240일, 480일, 720일, 1,200일, 2,400일선을 통해 지지와 저항 확인

종목마다 잘 맞는 이동평균선이 있다. 종목마다 과거에 잘 맞았던 이동평균선을 기준으로 트레이딩 값을 찾는다. 특히 장기 이동평균선일수록 오랫동안 평균값이 확률적으로 잘 맞을 가능성이 높다.

그림 53 안랩 1,200일선, 2,400일선 눌림 구간 활용

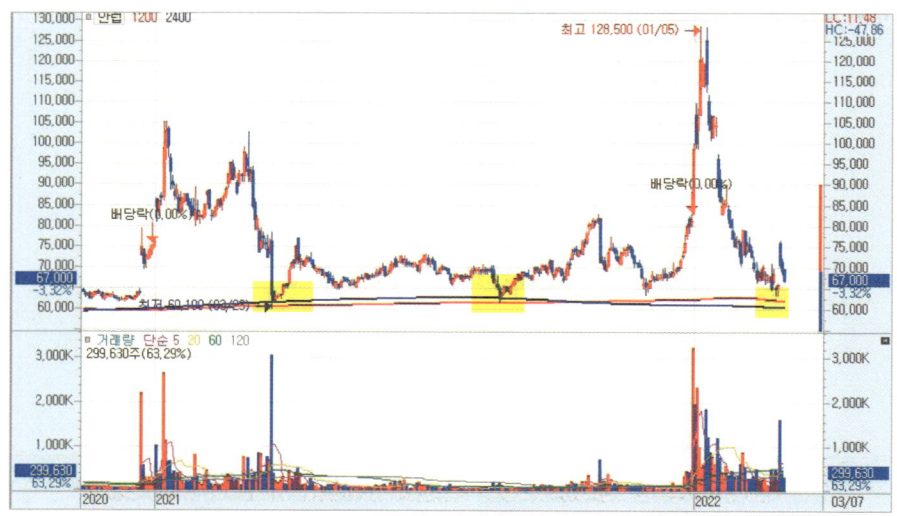

그림 54 삼성SDI 1,200일선, 2,400일선 눌림 구간 활용

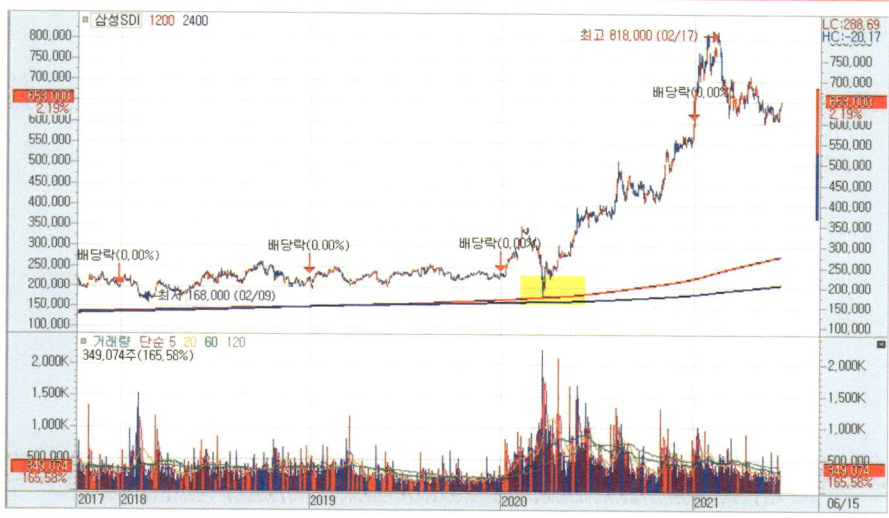

107
★Part 3★ 명쾌한 타이밍 찾기(기술적 분석법)

★3-3★
지지와 저항, 쉬는 타이밍의 신호

지지(支持)는 '붙들어 버티게 하다'라는 뜻이다. 주가 하락이 매입 세력에 의해 특정 선에서 더 이상 지속되지 않는다. 저항(抵抗)은 '굽히지 않고 거부하다'라는 뜻이다. 주가의 오름세가 매도 세력에 의해 견제되거나 멈춘다.

그림 55 지지 저항 상승 시 필요한 힘은 증가(고점 저항이 더 강력)

　지지는 면이다. 일봉 기준으로 세 개 이상의 캔들 가격이 하단부에서 일치하며 선이 아닌 면이 된다. 저항은 선이다. 일봉 기준으로 세 개 이상의 캔들 가격이 상단부에서 일치하는 선이다.

Q: 왜 지지선이 아니라 지지면인가?
A: 마지막 저항 돌파 시, 첫 상승 캔들부터 돌파 전 캔들까지를 한 구간으로 본다.

그림 56 컴투스홀딩스 지지는 노란색 구간이 선이 아닌 면

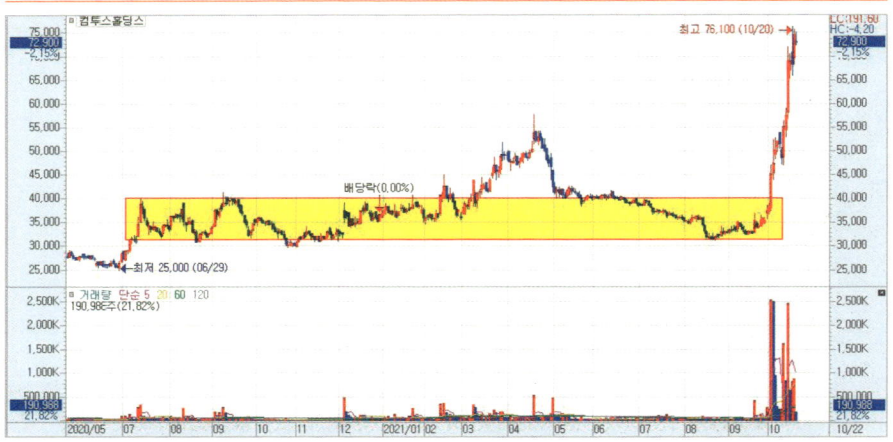

돌파 후 지지대에서 분할 매수

돌파 후 눌림 구간에서 분할 매수

눌림 전략을 활용한다. 지지 구간 고점 구간에서 1차 매수, 지지 구간과 지지 구간 저점의 중간 구간에서 2차 매수, 지지 구간 저점 구간에서 3차 매수를 진행한다. 1차 매수 구간은 바로 목표 수익을 가져가며 2차 매수부터는 본전 구간+1% 구간에서 매도 후 진행한다. 2, 3차가 큰 수익 없이 매도하는 것은 탄력도가 떨어졌기 때문이다.

그림 57 갤럭시아에스엠 지지는 노란색 구간이 선이 아닌 면

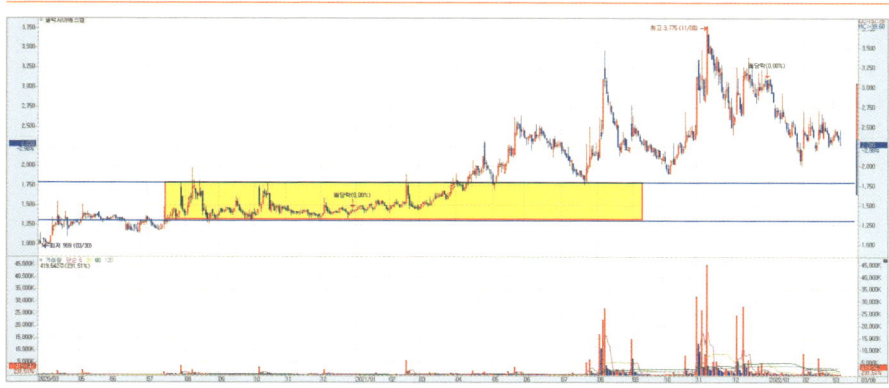

데칼코마니 매매법

박스권 돌파 후 가격 기준으로 데칼코마니 목표가 설정

박스권 돌파 캔들이 나올 때 하단 박스권을 복사해 돌파 자리를 저가에 맞춰 상승 폭을 예측하는 방식이다.

확률 박스권이 형성되고(고점 세 개, 저점 세 개 이상 등) 거래량을 수반한 박스권 돌파 캔들이 발생한다. 확률 데칼코마니를 예측하는 데 가격 기준으로 한다. 박스권이 5,000원이 폭이었다면 상승 폭도 5,000원으로 한다. %값으로 하지 않는다는 것이 중요하다. 데칼코마니 대비 90% 구간에서 수익 매도한다. 실적이 양호하고 모멘텀이 강한 종목 위주로 매매한다.

그림 58 데칼코마니

그림 59 엠케이전자 데칼코마니 매매법

@ 2,400원 폭으로 데칼코마니 발생

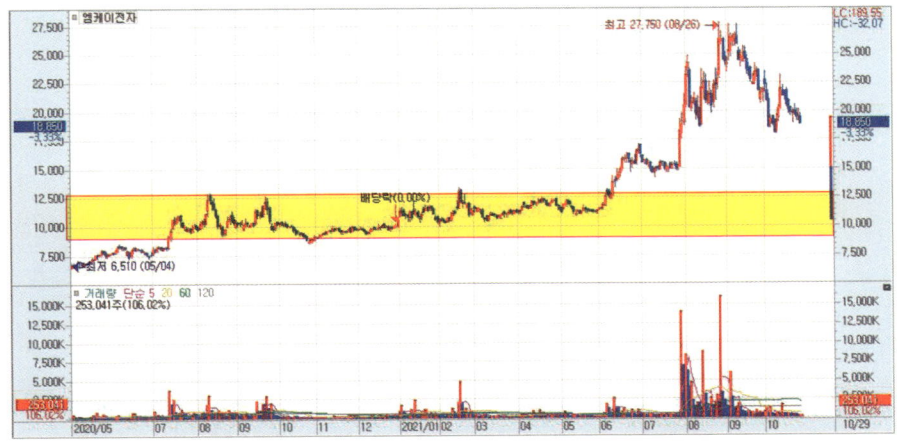

지지/저항, 기타 활용 매매법

신고가 매매법

　신고가는 단기, 전업 트레이더가 많이 사용하는 방법이다. 기존 신고가에 대한 정의가 모호하다. 예를 들어 가격 기준 고점 세 개를 돌파하는 종목을 물색하거나 240일 중 최고가를 물색하는 등 다양한 정의가 있지만 신고가의 본질을 이해하면 다른 각도로 접근할 수 있다.

　신고가 종목이 좋다고 말하는 이유는 무엇일까? 더 이상 악성 매물이 없다고 판단하기 때문이다. 모두 수익 구간이므로 우려보다 기대감이 높다. 일반적으로 종목 매수 후 하락해 '다시 오르면 매도해야지!'라는 생각이 앞서는 경우가 많다. 그렇다면 어떤 신고가가 좋을까?

　위의 글을 토대로 하면 악성 매물을 모두 소화한 후 상승하는 신고가 종목이 좋다. 기준은 일반적으로 지난 3~5년간 매물을 모두 소화한 종목이 강할 가능성이 높다. 반대로 생각하면 지난 3~5년간 모든 악성 매물을 소화했다는 것은 특급 호재나 수급이 기대된다는 것이다.

　신고가 종목은 어떤 기준으로 찾는 것이 좋을까? 신고가 종목을 발굴하는 방법은 다양하지만 3년, 5년 기준으로 쉽게 한눈에 볼 수 있는 차트를 선택하는 것이 좋다. 일반적으로 캔들은 일봉, 주봉, 월봉으로 구분되고 연간 기준으로 파악할 때는 월봉이 기준이 되는 경우가 많다. 전체 그림에서 작은 범위로 한 단계 앞으로 적용하면 된다. 월봉 기준으로 3년은 36개월, 5년은 60개월이다. 그래서 교집합인 36개월을 적용한다. 그런데 종목을 좀 더 폭넓게 찾기 위해 30개월 신고가 종목을 찾는다.

신고가 종목을 찾았다면 시장 트렌드를 확인한다. 시장 트렌드가 맞아야 지속적인 상승이 가능하다. 메타버스 관련주로는 위메이드가 상승했고 2차전지 관련주로는 에코프로비엠이 지속적으로 상승했다. 추가적으로 실적까지 좋다면 금상첨화다.

목표수익률은 돌파 전 고가를 기준으로 2배, 3배, 4배, 5배, 10배 다섯 가지 경우의 수로 결정한다. 위메이드는 5배, 네이처셀은 10배, 아프리카TV는 10배, 에코프로비엠은 5배 상승했다. 특히 내용은 좋지만 시총이 작을수록 상승 폭이 클 가능성이 높다.

상한가 매매법

상한가는 전일 종가보다 29~30% 구간에서 최대치로 상승한 종목을 말한다. 일반적으로 상한가를 30%로 알고 있지만 29~30% 구간의 최대치라고 정의한 것은 호가 범위가 정해져 있기 때문이다. 1,000원 미만의 동전주는 호가가 1원씩 형성되고 1,000~5,000원은 5원, 5,000~10,000원은 10원, 10,000~50,000원은 50원, 50,000~100,000원은 100원,

100,000~500,000원은 코스피 500원/코스닥 100원, 500,000원 이상은 코스피 1,000원/코스닥 100원 호가 폭으로 거래된다. 그래서 상한가 폭이 30%가 안 되는 경우가 많다. 예를 들어 1,210원의 상한가는 1,573원이어야 하는데 호가가 5원씩 변하므로 최대치 1,570원이 상한가가 된다. 그러면 상한가 상승률은 29.75%가 된다.

상한가 종목은 매력이 있다. 변동성이 크고 강력한 이슈, 호재, 수급이 있고 강한 경우가 많다. 단, 상한가 다음날 접근하면 수익보다 손실이 큰 경우가 많다. 상한가 직전에 샀던 물량이 차익실현으로 나오면서 약세 흐름으로 바뀔 수 있다. 그러므로 상한가 매매를 잘못 접근하면 리스크가 큰 경우가 많다.

상한가 종목은 추격 매수보다 충분한 물량을 소화한 후 재반등 구간에서 접근하는 전략이 유효하다. 먼저 두 가지 조건이 충족되어야 한다. 첫째, 하락을 어디까지 조정으로 볼 것인가, 둘째, 어느 타이밍에 매수해야 수익을 빨리 볼 수 있느냐다.

첫 번째 조건인 하락은 최근 첫 상한가가 시작했던 일봉 캔들의 최저가까지의 하락을 기준으로 본다. 충분히 차익실현을 할 수 있었던 물량이 모두 매도되고 새로운 매수세가 나올 수 있는 구간으로 판단할 수 있다. 단, 상한가에 도달했던 뚜렷한 이유나 강력한 수급이 있는 경우가 좋다.

두 번째 조건인 매수 타이밍은 저가 이탈 후 일봉 캔들의 종가가 저가 위로 형성될 때를 말한다. 충분한 조정 후 돌파매매를 중심으로 매매하면 수익을 빨리 올리는 경우가 많다. 대부분 물타기(하락 시 지속적으로 사는 것) 위주로 대응하지만 주식은 항상 턴어라운드할 때 매매하는 전략이 수익을 올리는 시간을 단축할 수 있다.

즉, 상한가를 보였던 당일 캔들의 저가 이하까지 하락한 후 다시 저가를 돌파하는 양봉 캔들이 발생한 후 접근하는 전략이다. 특히 시총이 작으면서 모멘텀이 강하면 빠른 시세를 보이는 경우가 많다. 또는 업종의 지속적인 성장이 보이는 섹터의 종목이 시총이 높더라도 강한 시세가 기대된다.

목표수익률은 7% 이상으로 단기매매나 추세 매매도 가능하다. 이 매매법의 장점은 높은 구간에서 매매하지 않으므로 심리적 안정과 상한가를 보냈던 이슈가 있고 돌파매매를 하므로 언제든지 빠르게 상승할 수 있다는 것이다.

30분 봉으로 속임수 패턴을 피하고 매수 타이밍 포착

주식 차트 분석에서는 기간을 설정하고 보는 전략이 중요하다. 특히 하나의 캔들을 생성하는 시간에 따라 일봉, 주봉, 월봉, 연봉, 분봉으로 나뉜다. 일봉은 가장 많이 활용하는 캔들의 기준이다. 하루의 흐름을 시가, 종가, 고가, 저가로 나눠 하나의 캔들로 표시한다.

일봉은 주식의 상승 강도, 주봉은 추세, 월봉은 큰 지지와 저항, 분봉은 단기 매수 타이밍에 활용된다. 분봉 중 30분 봉은 30분마다 하나씩 캔들이 생성된다. 예를 들어 오전 9시부터 9시 30분 사이에 캔들 하나가 만들어진다. 9시에 생성되는 주가를 시가, 9시 30분의 주가를 종가, 이 시간 동안 발생한 고가, 저가를 캔들에 표시한다. 그래서 시가와 종가를 몸통, 고가를 위꼬리, 저가를 아래꼬리로 캔들이 생성된다.

30분 봉은 일봉에서 표현하지 못하는 흐름을 구분해 보여준다. 일봉은 하루의 전체적인 흐름을 표현해주므로 세분화된 매수/매도 흐름을 보여주지는 못한다. 30분 봉으로 보면 30분마다 캔들이 형성되므로 세분화해 볼 수 있다. 3분 봉, 15분 봉도 활용 가능하지만 단기 트레이딩에서 많이 활용하며 30분 봉은 스윙 트레이딩에서 많이 활용한다. 분봉이 작을수록 세분화된 분석력이 더 필요하다. 주식 초보자에게는 30분 봉까지가 적합하다.

30분 봉 매매법으로는 캔들 분할법과 1/N 분할법이 있다. 캔들 분할법은 대량거래가 발생한 30분 봉의 캔들의 종가와 시가, 중심가(종가와 시가의 중심)에서 3분할 매매가 가능하다. 보통 상승 후 눌릴 때 거래량이 터진 장대 양봉(30분 봉 기준)을 기준으로 분할 매수한다. 그리고 30분 봉에서 상승 거래량이 많은지 하락 거래량이 많은지 구분해 힘을 확인할 수 있다. OBV를 참고하면 좋다.

1/N 분할법은 30분 봉에 상승 시세 파동에 고가와 저가를 4분할해 매수 타이밍을 잡는 것이다. 전체 파동 구간은 100%, 75%, 50%, 25%, 0%로 나눠 총 4구간이 나온다(예를 들어 50~75%). 일반적으로 짧게 트레이딩할 때는 50%, 25%에서 분할 매수해 75%에 매도한다. 또는 추세 흐름을 타는 종목은 50% 구간에서 많이 매수해 눌림 전략을 활용한다.

30분 봉이 가장 중요한 것은 일봉에서 생기는 속임수 패턴을 피할 수 있다는 것이다. 예를 들어 장중 내내 하락하고 대량 매도물량이 나왔는데 마지막 30분을 남겨 놓고 수급이 약간 들어오면서 상승시켜 종가를 시가보다 높여 놓으면 양봉으로 끝난다. 하지만 실제로는 매도세가 강한 것이다. 30분 봉을 보면 매도세를 더 세밀히 볼 수 있으므로 속임수 패턴을 줄일 수 있다. 30분 봉마다 양봉과 음봉이 결정되므로 수급을 세분화해 볼 수 있다.

★ 3-4 ★
엘리엇 파동 이론 / 피보나치, 숲을 보는 분석법

엘리엇 파동 이론에서 주가는 상승 5파와 하락 3파로 구성된다.

1파(상승)의 특징은 바닥에서 일시적인 반등을 보이며 가장 짧게 나타난다.

2파(하락)의 특징은 1파의 38.2% 또는 61.8%의 조정을 보이며 조정 2파가 상승 1파의 저점을 이탈하면 안 된다.

3파(상승)의 특징은 가장 길고 힘이 강력하다. 최대 거래량을 동반하거나 상승 갭이 발생한다. 상승 1파 폭의 1.618배 상승한다.

4파(하락)의 특징은 조정파이지만 1파의 고점보다 반드시 높아야 한다. 조정 4파는 삼각 수렴 패턴이 형성되는 경우가 많다.

5파(상승)의 특징은 상승 3파보다 짧게 나타나며 거래량도 적게 발생한다. 상승 5파는 상승 1파의 진폭만큼 상승하거나 1파+3파 진폭의 0.61배가량 상승한다.

a파(하락)의 특징은 조정 충격파의 시작이다. a파는 거래량이 증가하는 경우가 많다.

b파(상승)의 특징은 조정파에서 일시적인 반등으로 보유한 주식을 매도할 기회다. b파는 거래량이 감소하는 경우가 많다. 상황에 따라 전고점을 돌파하거나 그 이상 상승하는 경우도 있다.

c파(하락)의 특징은 상승 3파와 반대라는 것이다. 하락과 함께 거래량이 증가하는 특징을 보이며 투매 현상이 나타난다.

그림 60 키네마스터 엘리엇 파동 이론

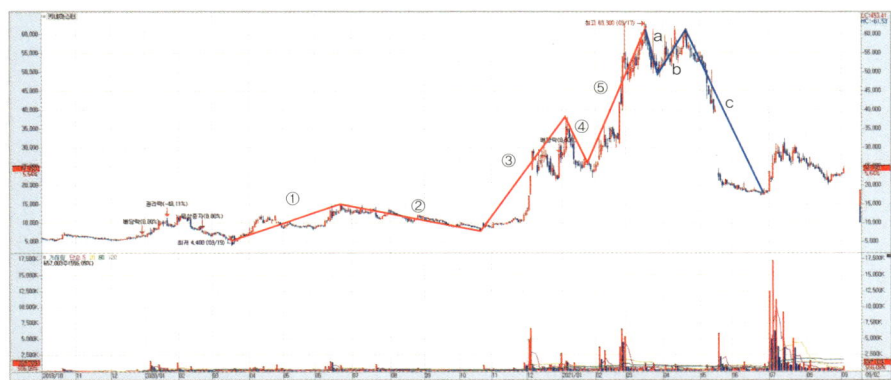

피보나치 계산법

피보나치 계산값이 0.236(25%), 0.382(40%), 0.5(50%), 0.618(60%), 0.764(75%)인 값이다. 황금비율은 0.382와 0.618의 값이다. 두 수의 합은 1이 된다. 일반적으로 종목은 지속적인 상승보다 조정을 받아가며 상승하는 경우가 많다. 그래서 눌림목 공략이 리스크 관리에 효과적이며 수익률 극대화의 중요한 방법이 된다. 고점의 주가가 10,000원이라면 눌림목 공략 자리를 -25%(0.236의 근사치)인 7,500원에 접근한다.

총 5개 구간을 활용해 눌림을 적용할 수 있다. 첫 번째 0.236(25%) 조정 매매 종목의 조건은 지속적인 실적 성장이나 강력한 모멘텀이다. 효성화학의 고점이 465,000원인 경우, 25% 할인된 348,750원 이하부터 접근 가능하고 저점 이후 강한 상승을 보였다.

두 번째 0.382(40%) 조정 매매 종목의 조건은 뚜렷한 상승 모멘텀과 실적 턴어라운드다. 엘앤케이바이오의 경우, 거래정지 후 재거래될 때 기준가 선정에서 평가액으로 7,010원이 제시되었다. 기준가 대비 약 40% 조정된 4,206원 이하 접근이 가능했고 100% 이상 상승을 보였다.

세 번째 0.5(50%) 조정 매매 종목의 조건은 단기 급등 이후 눌림목 공략이다. 단, 상승 모멘텀이 유지되어야 한다. 데브시스터즈의 경우, 고점은 161,000원이었다. 이 경우, 50% 할인된 80,500원부터 접근 가능하다. 80,500원 이후 100% 이상 상승을 보였다.

네 번째 0.618(60%) 조정 매매 종목의 조건은 종목은 우량하지만 단기 시장 및 개별 악재의 약세 흐름을 보인 경우다. 이오테크닉스는 118,800원이 고점이었고 시장 악화가 이어졌다. 이 경우, 60% 할인된 47,520원 이하부터 접근 가능하다. 47,520원 이후 100% 이상 상승을 보였다.

다섯 번째 0.764(75%) 조정 매매 종목의 조건은 단기 초급등 이후 조정이다. 엔에스엔은 15,350원까지 상승을 보였고 75% 할인된 3,837원에 접근 가능하다. 3,837원 이후 100% 상승을 보였다.

단, 주식은 하락할 때보다 상승할 때 매매해야 빠른 수익이 가능하다. 특정 가격 이하로 주가가 내려온 후 20일선 위로 상승할 때 접근 가능하다.

목표수익률은 25%, 40%, 50%, 60%, 75%, 100%가 된다. 강력한 패턴에서는 75% 목표수익률이 가장 안정적이며 실적주와 시총이 높은 종목은 25% 목표수익은 지속 가능하다.

★3-5★
보조지표, 초보자를 위한 보조 바퀴

보조지표 활용 매수 타이밍

　보조지표 활용은 현재 위치의 긍정/부정과 매수 타이밍 포착 시그널로 구분할 수 있다. 보조지표는 사실 안 보더라도 종목 포착에는 큰 문제가 없지만 초보자에게는 보조 바퀴와 같고 고수에게는 실시간 타이밍을 포착하는 데 도움이 된다.

　보조지표 기준을 구분해 정리했고 실제 용도도 구분해 제시했다. 보조지표 강의는 유튜브 동영상 강의에서 따로 확인할 수 있다.

〈유튜브: 스튜디오 갤럭시〉

〈매수 타이밍 포착 시그널〉

보조지표는 세 가지로 구분해 이용 가능하다. 바닥 턴 시그널(4), 급등 시그널(4), 매집 시그널(2)로 보조지표를 활용할 수 있다.

바닥 턴 시그널은 Stochastics Fast, MACD Oscillator, CCI, PSAR 등을 통해 포착할 수 있다. 급등 시그널은 MFI, Envelope, Bollinger Bands(주봉), OBV 등을 통해 포착 가능하며 매집 시그널은 이격도, 일목균형표 등을 통해 포착할 수 있다.

1. 바닥 턴 시그널 매매법

(1) Stochastics Fast
- 적용 수치: Period 240, 기준선 15
- 활용: 돌파, 스토캐스틱 값이 15 이하로 하락 후 다시 돌파

(2) MACD Oscillator
- 적용 수치: (short 12, long 26, signal 9), 기준선 0
- 활용: 추세 전환, 음선에서 양선으로 전환(기준선 0 이상)

(3) CCI
- 적용 수치: Period 240
- 활용: 돌파, CCI 값이 100 이하로 하락 후 다시 돌파

(4) PSAR
- 적용 수치: af 0.02, max af 0.2
- 활용: 추세 전환, 캔들 상단 PSAR 점이 캔들 하단 PSAR 점으로 전환

2. 급등 시그널 매매법

(1) MFI
- 적용 수치: Period 14, 기준선 80
- 활용: 돌파, MFI 값이 80 이상으로 상향 돌파

(2) Envelope
- 적용 수치: Period 14, Percent 30
- 활용: 돌파, 주가가 Envelope 상단선 상향 돌파

(3) Bollinger Bands(주봉)
- 적용 수치: Period 14, D1 2
- 활용: 돌파, 주가가 Bollinger Bands(주봉) 상단선 상향 돌파

(4) OBV
- 적용 수치: Signal 9, 이동평균선 종류 지수, 기간 600일
- 활용: 돌파, U 마크 발생

3. 매집 시그널 매매법

(1) 이격도
- 적용 수치: (이격도 5, 20, 60, 120, 240, 480, 720)
- 활용: 수렴, 각 이격도가 현재 주가와 7% 이내 근접
- 주의: 거래량 1,000주 이상(거래정지 종목 제외)

(2) 일목균형표
- 적용 수치: (중기 20, 60, 120, 240, 480, 720)
- 활용: 수렴, 각 기준선과 근접률이 현재 주가와 7% 이내 근접
- 주의: 거래량 1,000주 이상(거래정지 종목 제외)

구체화 전략은 다음과 같다.

1. 바닥 턴어라운드 시그널 매매법

(1) Stochastics Fast

- 적용 수치: (Period 240, 기준선 15)
- 정의
  스토캐스틱은 통계를 뜻한다. 일반적인 통계상 동일한 조건에서 급락 후 바닥 턴어라운드 위치를 체크할 때 많이 활용한다.

일정 기간 고가와 저가 사이의 폭 중 현재 위치를 표현한다. 고가 1,000원, 저가 0원일 때 현재 주가는 100원이며 스토캐스틱 값은 10이 된다. 스토캐스틱 15 이하로 하락했다가 다시 바닥 다지기 이후 15 위로 올라오면 바닥 턴어라운드로 예상한다.

[Period 240]은 240일(1년) 동안을 의미하고 [기준선 15]는 특정 기간의 주가 위치(%)를 뜻한다. 전체 변동 폭을 100으로 볼 때 하단 15% 구간 가격대라는 것이다.

- 활용

  돌파 매매를 활용한다. 스토캐스틱 값이 15를 하향 이탈한 후 돌파한다면 투매 물량 정리 후 재반등을 기대해볼 수 있다. 단, 조건은 펀더멘털이 유지되고 성장성이 기대될 때 확률이 더 높다.

특히 실적이 양호하거나 시장 트렌드에 맞는 종목이 빠르게 반등한다. 그리고 비슷한 구간에서 15 이하로 여러 번 하락했다가 다시 올라오는 부분을 반복한다면 바닥 다지기가 충분히 되었을 가능성이 높다.

- 주의

  바닥 하락 시 특별한 이유 없이 하락한 종목이 좋다. 신용비율, 대차잔고, 부채비율이 높은 종목은 제외한다. 불성실 공시 법인으로 벌점 7점 이상, 자본잠식, 대규모 영업이익 적자 기업은 피하는 것이 좋다.

- 추가 설명

  스토캐스틱의 일반적인 기간은 패스트 5일, 슬로우 12일로 되어 있다. 240일 기간으로 확장하면 충분한 기간 조정을 받았다는 뜻이다. 스토캐스틱의 일반적인 저점 턴어라운드 시그널은 20%다. 그런데 15%로 조정한 것은 더 낮은 타점에서 접근하기 위해서다.

2. 급등 시그널 매매법

(1) OBV

- 적용 수치: (Period 600, 이동평균선 종류 지수)
- 정의

  OBV(On Balance Volume)로 누적 균형 거래량을 뜻한다. 거래량이 주가에 선행한다는 전제로 그랜빌이 개발한 지표다. 당일과 전일 종가 기준으로 상승과 하락에 따라 모두 더하거나 뺀다. 당일과 전일 종가가 같으면 제외한다.

  계산법은 누적 거래량에서
  당일 종가 〉 전일 종가: + 당일 거래량 (합친다)
  당일 종가 〈 전일 종가: − 당일 거래량 (뺀다)

당일 종가 = 전일 종가: 0 당일 거래량 (제외한다)

- 활용

U 마크 발생 시 매수 포지션으로 본다. 단, 전제 조건이 있다. 차트가 고점 대비 30% 이상 조정받은(52주 기준) 자리이며 상승 모멘텀이 유지되어야 한다. U 마크란 600일간의 누적 거래량이 특정 구간에서 조정을 받고 최고가 되는 돌파 시점을 뜻한다.

보조지표로 종목 점수 만들기

* 점수표/각 5점씩 100점 만점

가격 (9)

일목균형표 구름대 + 기준선(위/아래)

일목균형표 후행 스팬(캔들 위/아래)

MACD Oscillator(0선 위/아래)

Trix(Trix 12 > Signal 9)

이동평균선(20일선 위/아래)

이동평균선(7일선 위/아래)

LRS 14(0선 위/아래)

Sonar Momentum(0선 위/아래)

S-ROC(Smoothed Roc) (100선 위/아래)

추세 (3)

PSAR(캔들 위/아래 * 아래가 좋음)

CCI(0선 위/아래)

DMI(DI PLUS 〉 DI Minus)

강도 (4)

Williams Acc_Dist(상승/하락)

Elder-Ray Bull Power(0선 위/아래)

투자심리선(25% 위/아래)

Force Index Long Term(0선 위/아래)

거래량 (4)

OBV(상승/하락)

Volume Oscillator(0선 위/아래)

Chaikin Money Flow(0선 위/아래)

Volume Ratio(150선 위/아래)

Part 4

진짜는 수급이 먼저 말한다
(거래량 분석법)

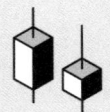

수급은 모든 것에 우선한다

주식에서 절대로 속일 수 없는 것이 수급이다. 수급은 매수매도에 따라 발생하는 거래량이다. 누군가가 주문하지 않으면 체크되지 않는다. 상승할 때 거래량 없이 오른다면 역으로 리스크가 클 수 있고 하락할 때 거래량 없이 내린다면 재상승을 기대할 수 있다. 시세와 차트는 인위적으로 만들 수 있어도 수급을 제대로 파악하면 숨은 의도를 파악할 수 있다.

★ 4-1 ★
유효 거래량, 총 거래량 - 최대주주 거래량

거래량은 가장 정확한 지표다. 시장에서 매수와 매도가 발생해야 측정 값이 나온다. 그중 유효 거래량은 현실적인 지표다. 유효 거래량은 상장주식 수의 총 거래량에서 최대주주 거래량을 차감한 값이다. 즉, 시장에서 회전되는 거래량 값을 계산한 것이다. 그런데 유효 거래량 이상만큼 시장에서 당일 거래량이 발생했다는 것은 특별한 의미가 있고 우리가 흔히 말하는 일반 소액주주란 발행 주식 총수의 1/100에 미달하는 주식을 소유한 주주를 말한다.

유효 거래량 매매법

품절주 종목 위주 매매, 유효 거래량 100% 발생 후 눌림 공략

품절주란 유효 거래량(유통주식 수)이 총 거래량의 30% 이하인 종목을 말하는데 품절주에 유효 거래량의 100% 이상 최고 대량거래가 발생했다면 특별한 이벤트를 의미한다. 종목이 모멘텀이 있고 긍정적이라면 상승 시그널의 시작이라고 보면 된다. 호재가 숨었을 가능성도 있다. 특히 1년 동안 최대 거래량이 발생하면서 유효 거래량 100% 종목은 강력한 에너지를 의미한다.

100% 이상 유효 거래량이 발생하는 장대 양봉이 발생하고 눌림을 기다린다. 눌림은 유효 거래량 장대 양봉 돌파 전 지지대다. 지지대란 돌파 전 3개 이상이 만나는 저항점이던 곳이다. 고점보다 저점 부근에서 발생했을 때 유의미한 값을 갖는다.

그림 61 유통주식 수 검색식

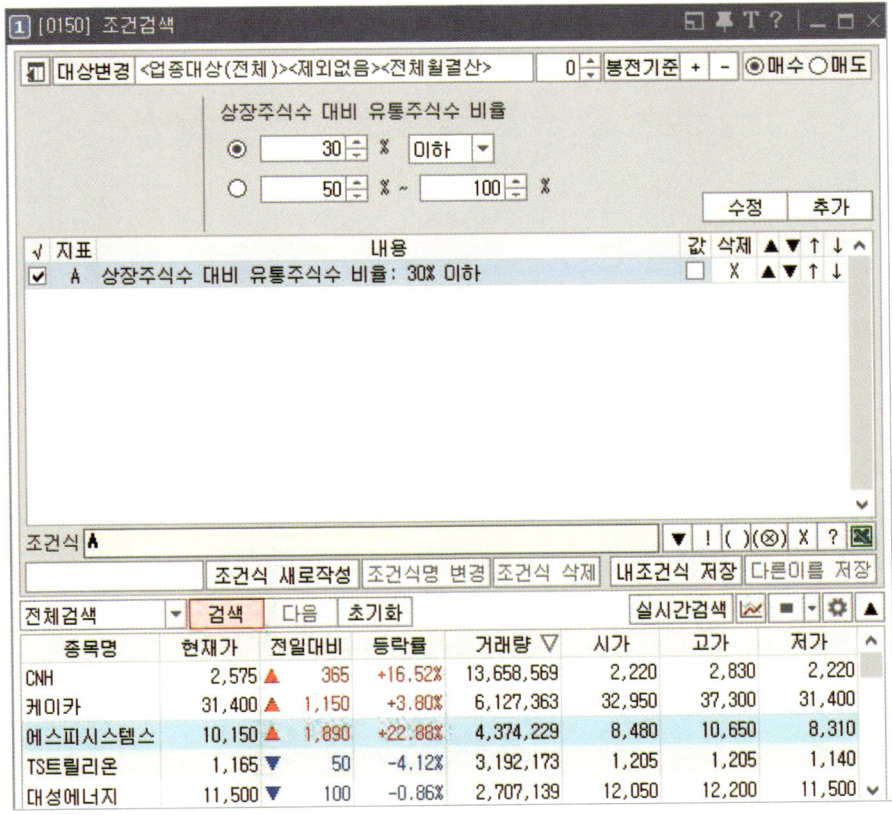

상장주식 수 대비 유통주식 수 비율 [30%] [이하]

[ ] 구간을 수정할 수 있는 값

그림 62 중앙에너비스 유가 관련 수혜주로 부각

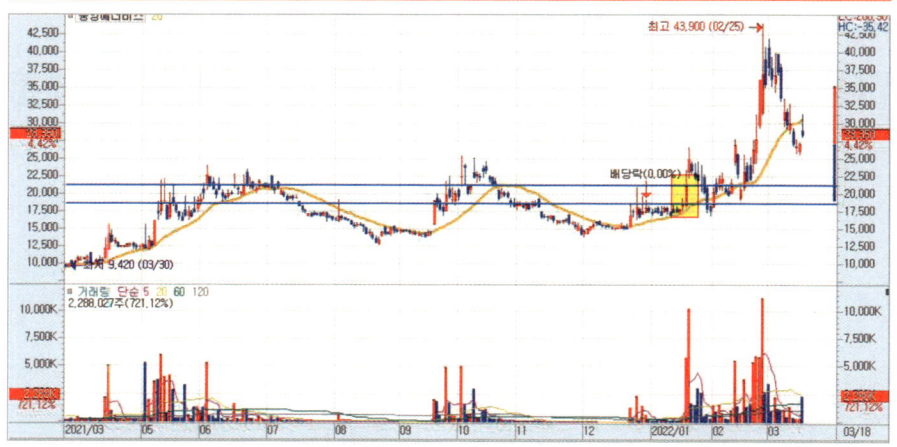

소액주주현황

(기준일: 2021년 12월 31일) (단위: 주)

구분	주주			소유주식			비고
	소액주주수	전체주주수	비율(%)	소액주식수	총발행주식수	비율(%)	
소액주주	6,949	6,958	99.9	1,219,874	6,227,130	19.6	-

※ 소액주주현황은 최대주주 및 그 특수관계인이 보유하고 있는 주식 및 상법 제369조 제2항 및 제3항에 따른 의결권 없는 주식(자사주 1,793,295주)을 제외한 100분의1과 3억원(액면가액기준) 중 적은 금액 미만에 해당하는 주식을 소유한 주주의 수와 비율을 기재하였습니다.

그림 63 한일화학 아연 가격 상승에 급등

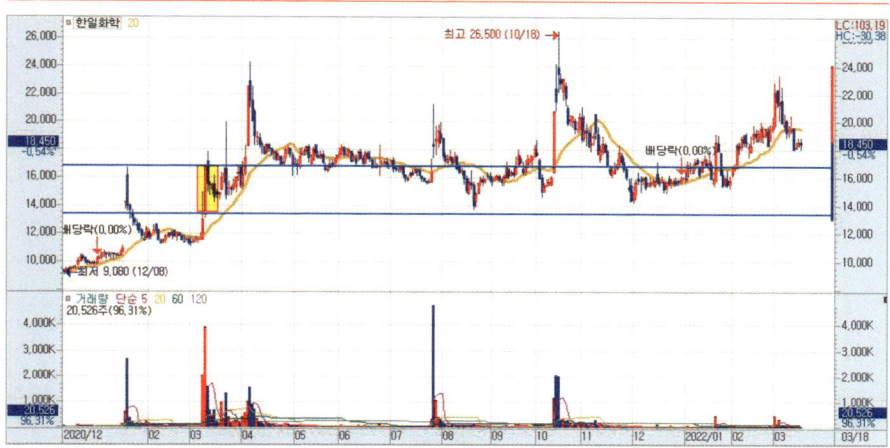

(기준일 :   2021년 12월 31일   )   (단위 : 주, %)

성 명	관계	주식의 종류	소유주식수 및 지분율				비고
			기 초		기 말		
			주식수	지분율	주식수	지분율	
윤성진	본 인	보통주	1,280,000	36.46	1,280,000	36.46	-
김주한	매 형	보통주	228,702	6.52	228,702	6.52	-
이승옥	누 나	보통주	220,000	6.27	220,000	6.27	-
이승자	누 나	보통주	156,130	4.45	156,130	4.45	-
강호익	매 형	보통주	100,000	2.85	100,000	2.85	-
HAN TAE JOON	외사촌	보통주	150,892	4.30	75,892	2.16	-
한은정	외사촌	보통주	50,492	1.43	41,992	1.20	-
백종현	외사촌매제	보통주	47,900	1.37	35,678	1.02	-
백경민	외당질	보통주	39,500	1.13	37,280	1.06	-
한태형	외사촌	보통주	50,492	1.43	36,392	1.04	-
HAN SUSAN SUNHUI	외종수	보통주	35,660	1.02	35,660	1.02	-
박향아	처	보통주	23,735	0.67	23,735	0.67	-
HAN ANTHONY KYUNG WOO	외당질	보통주	18,580	0.53	18,580	0.53	-
HAN RICHARD JINWOO	외당질	보통주	18,580	0.53	18,580	0.53	-
HAN JAMES HYUN WOO	외당질	보통주	18,580	0.53	18,580	0.53	-
윤홍석	자	보통주	3,390	0.1	5,238	0.15	-
계		보통주	2,442,633	69.59	2,332,439	66.46	
		기타	-	-	-	-	

※단수 차이로 인해 개별 지분율과 합계 지분율에 약간의 차이가 있을 수 있습니다

★ 4-2 ★
슈퍼 거래량, 분봉/일봉/주봉/ 월봉 의미 거래량

슈퍼 거래량이란 평소보다 많은 거래량을 말한다. 특히 분봉은 주로 3분봉, 15분 봉, 30분 봉을 본다. 분봉 거래대금 기준으로는 10억 원, 거래량 기준으로는 10만 주 이상을 초월 거래량으로 본다. 일봉은 거래대금 기준으로는 70억 원 이상, 거래량 기준으로는 전일 대비 500% 이상 발생한 값이다. 주봉/월봉은 1년 기준(240일)으로 신고 거래량을 의미한다.

슈퍼 거래량 매매법

일봉상 전일 대비 500% 거래량 발생 후 30분 봉 대량 거래량 눌림 공략

장대 양봉 발생 시 500% 이상 대량거래 발생, 급등 후에는 일반적으로 눌리는 경우가 많다. 일봉만 보고 타이밍을 잡기는 어렵지만 30분 봉을 보면 추세 눌림을 찾을 수 있다. 다만, 상승할 때 명분이 있어야 한다.

그림 64 넷게임즈 사우디 아라비아 국부펀드, 넥슨 지분 1조 원 매입 소식

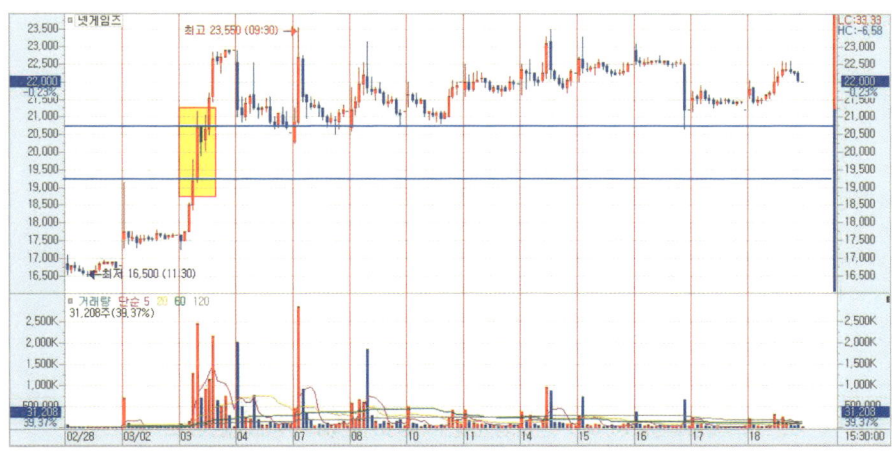

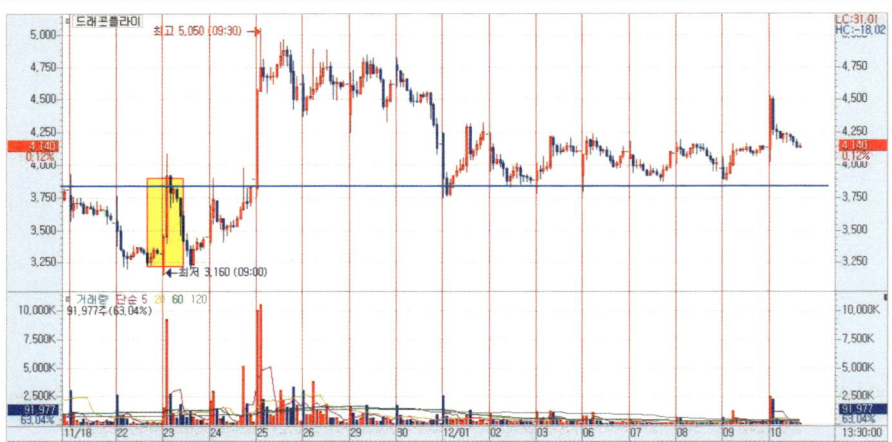

그림 65 드래곤플라이 신작 게임 출시 기대감 및 PtoE 모멘텀

★ 4-3 ★
대량 거래량, 시장 중심주 파악 거래량

　대량 거래량은 일봉/주봉/월봉으로 구분해 볼 수 있다. 일봉의 대량 거래량은 총 거래량의 50%, 주봉의 대량 거래량은 총 거래량의 100%, 월봉의 대량 거래량은 총 거래량의 200%를 의미한다. 특히 상승하면서 대량거래가 발생했다면 악성 매물이 소화되고 새로운 시세 분출의 준비를 의미하는 경우가 많다.

대량 거래량 매매법

일봉의 대량 거래량 대비 총 거래량의 50%, 주봉의 대량 거래량은 총 거래량의 100%, 눌림 공략

총 거래량 대비 일봉 기준으로 50% 이상, 주봉 기준으로 100% 이상 캔들의 시가와 저가 부근에서 분할매매 전략이 유효하다. 조용했던 종목이 대량거래가 발생했다는 점에 초점을 맞춘다. 특히 슈퍼 거래량과 대비되는 부분은 개별 종목의 모든 거래량을 장악하는 압도적인 값이라는 것이다.

다만, 거래량이 압도적으로 발생한 경우는 둘 중 하나다. 회사가 큰 변화를 예고하거나 반대로 악의적으로 물량 정리를 위한 유도일 수 있으니 특별히 조심해 거래량을 파악해야 한다.

그림 66 와이제이엠게임즈 엔터테인먼트 메타버스 사업 기대감

그림 67 문배철강 철강 가격 상승 기대감에 상승

★ 4-4 ★
매집 거래량, 횡보 기간 발생 거래량

　주식은 시간조정과 가격조정이 함께 있다. 특히 시간조정은 횡보하면서 발생하는데 그때 매집이 이뤄진다. 거래량 없이 하락한 후 횡보 기간이 길면 큰 시세를 다시 분출하는 경우가 많다. 펀더멘털이 분명하고 횡보 기간이 3년 이상 되면 초급등으로 이어지는 경우가 있다.

　이런 매집 형태는 OBV 보조지표로 확인할 수 있다. OBV는 전일 시세보다 당일 시세가 높으면 모든 거래량을 더하고 낮으면 모든 거래량을 감한다. 다만, 횡보 시에는 영향을 미치지 않는다.

매집 거래량 매매법

급등한 후 충분한 조정을 보인다. 다만, OBV가 하락하지 않고 횡보할 때 OBV가 올라간다.

1. 주가가 시세를 보인 후 거래량 없이 하락한다(OBV 유지).
2. 횡보하면서 상승할 때 거래량이 증가한다(OBV 상승).
3. 박스권을 돌파한다(상승의 시작점).

그림 68 씨젠 코로나 이후 진단키트 수요 급증

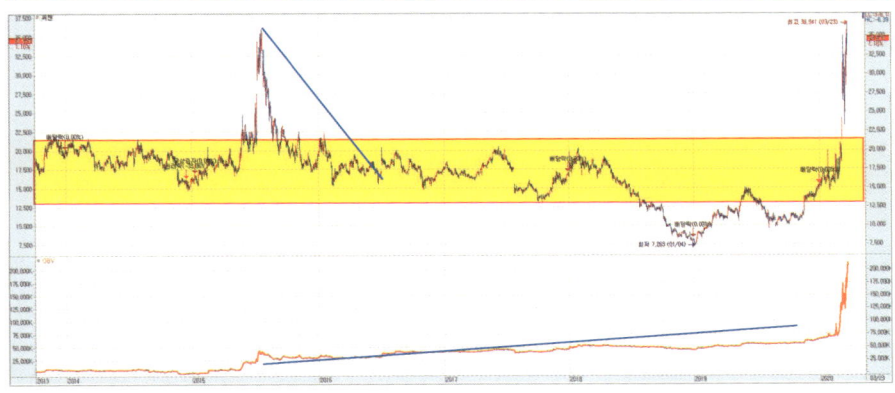

145

★Part 4★ 진짜는 수급이 먼저 말한다(거래량 분석법)

그림 69 팜스빌 안정적인 실적 기대감 및 건기식 관련주로 부각

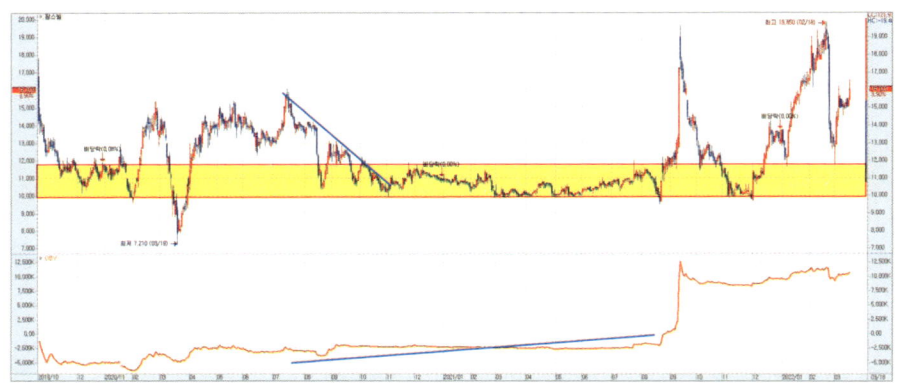

★ 특별편 ★
777, 419 매매법

주식 트레이딩에서 두 가지 중요한 포인트는 수익률과 타이밍이다. 수익률은 다각적인 기업분석을 통해 시장가치를 찾고 현재 가격의 할인가를 계산해 접근하는 방식이다. 예를 들어 기대 시장가치 분석이 1만 원이었는데 현재 가치가 5천 원이라면 100% 목표수익을 기대하고 접근한다. 타이밍은 주식을 매수했을 때 보유하는 시간의 기회비용이다. 보유한 자산은 정해져 있으므로 단기간 수익극대화로 다음 종목에 접근할 준비도 중요하다. 예를 들어 특정 종목을 3년 동안 보유하고 100% 수익을 올릴 것인지, 아니면 3개월씩 50% 수익을 올려 복리효과와 시간 단축을 얻을 것인지에 대한 것이다.

특히 타이밍 분석이 중요하다. 타이밍을 잘 분석하려면 시장 중심주를 찾을 수 있어야 한다. 좋은 종목도 시장 트렌드 종목이 아니라면 장기간 보유할 수 있다. 그래서 주식은 패션에 가장 민감하다고 말한다. 예를 들어 2차 전지주가 트렌드가 되어 상승하는 장에서는 철강주가 실적이 좋더라도 늦게 상승하는 경우가 있다. 시장 중심주를 찾는 방법은 다양하지만 중·소형주는 777 전략, 중·대형주는 415 전략의 활용이 효과적이다. 참고사항으로 소·중·대형주 구분은 시가총액으로 임의적으로 한다. 소형주는 3천억 원 미만, 중형주는 3천억~1조 원 미만, 대형주는 1조 원 이상을 말한다.

중·소형주 777 전략은 당일 가격변동폭(7%), 거래대금(70억 원), 신용비율(7% 이하)을 활용하는 것이다. 중·소형주는 당일 가격변동폭이 대형주보다 크다. 기준은 [종가-시가=7% 이상]이다. 시장에서 7% 이상 당일 변동을 보이며 종가까지 유지했다면 시장 중심주일 가능성이 크다. 7% 상승은 상한가나 하한가 폭이 30%이고 그중 $\frac{1}{4}$인 7.5% 이상(0.5% 절하)은 유의미하다고 본 것이다. 다만, 7% 변동이 있었더라도 가격 상승의 신뢰성도 중요하다. 거래대금 없이 상승했다면 시장에서 신뢰할 수 없는 상승일 수 있으므로 70억 원 이상 거래대금이 발생했을 때 유의미한 값으로 본다.

일반적으로 당일 큰 영향을 미치지 않고 거래될 수 있는 금액은 전체 발생 금액의 1/100 값을 말한다. 5천만 원가량의 매매가 당일 영향을 미치지 않고 거래되려면 50억 원 이상의 거래대금이 필요하다. 그래서 추가 여유값 50%가량의 거래대금을 추가해 70억 원(75억 원에서 5억 원 절하)을 기준으로 한다.

마지막으로 신용비율은 리스크와 관련 있다. 신용은 갚아야 할 돈이다. 즉, 장기간 보유할 수 없고 상승할 때 언제든지 나올 수 있는 물량이다. 일반적으로 큰 영향을 미칠 수 있는 물량은 전체 물량의 5%다. 5%의 영향력을 5% 룰을 통해서도 알 수 있다. 5% 룰을 통해 거래소에 의무적으로 보고해야 한다. 다만, 신용잔고율 5%는 특정인이 아닌 전체가 대상이므로 50%(7.5%에서 소수점 절하)를 추가해 7% 이하를 기준으로 한다.

중·대형주 415 전략은 가격변동폭(4%), 거래대금(100억 원), 개인 순매도(-5만 주)를 활용하는 것이다. 일반적으로 중·대형주는 당일 변동폭이 소형주보다 작으므로 기준은 [종가-시가=4% 이상]이다. 시장에서 4% 이상 당일 변동을 보이며 종가까지 유지하면 시장 중심주로 본다. 4%의 의미는 소형주의 7.5%의 약 $\frac{1}{2}$ 값을 소수점에서 올림한 것이다. 또한, 신뢰도를 위해 거래대금은 100억 원 이상으로 한다. 1/100값 기준으로 1억 원 이상이 자유롭게 거래되는 거래대금 값으로 한다. 마지막으로 5는 개인이 매도한 5만 주의 거래량이다. 개인 매도는 외국인 또는 기관 매수와 특정 주체의 연속적인 매수 가능성을 의미한다.

Part 5
가짜는 포장을 많이 한다
(뉴스/공시 분석법)

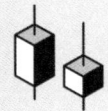

나뭇잎 하나로 천하에 가을이 왔음을 안다

자주 등장하는 주식용어와 공시는 기본적으로 알아야 한다. 하나의 키워드가 앞으로 긴 스토리를 말해주는 경우가 많다. 주식시장의 공시와 기본 용어는 많지 않다. 충분히 숙지해 대응법을 배운다면 큰 도움이 될 것이다. 복잡한 부분을 주식 트레이딩 관점에서 쉽게 설명하려고 노력했고 이 부분을 잘 활용한다면 훌륭한 트레이딩 기법이 될 것이다.

★ 5-1 ★
회사는 변화하고 성장
(증자와 감자, 분할과 합병)

증자

주식 증자는 제3자 증자와 주주 배정 등이 있다. 증자는 기존 주주 또는 주주가 아닌 기업 관련자(3자 배정) 또는 불특정 일반인에게 신주를 발행하고 그 자금은 자본금 항목을 증가시킨다.

주주 배정 후 실권주 일반 공모는 유상증자 후 권리락이 발생한다. 권리락이 발생하므로 기존 주식 보유 주주들에게는 단기적으로 악재인 경우가 많다. 할인해 발행하므로 단기적으로는 주가가 하락하는 경우가 많다. 특히 기존 주주가 자금이 없어 유상증자를 못 받으면 보유한 평균단가와의 차이가 커진다. 하지만 증자는 자본을 증가시켜 재무건전성과 유보율을 높이고 회사의 안정성을 증가시키는데 채권이 아니므로 부채 리스크도 없다. 하지만 증자 이후 회사가 정말 변할 수 있는지 반드시 확인해야 한다. 증자 이후에도 회사가 개선되지 않는다면 주식 수만 증가하는 것이므로 주가는 약세 흐름을 보인다.

제3자 증자는 회사와 특별 관계자에게 신주를 발행하는 것이다. 일반적으로 상호협력을 위해 투자한다. 대체로 평균 계산 값에 10% 할인해 증자를 받을 수 있고 보통 1년 동안 보호예수가 진행된다. 예를 들어 솔브레인에 삼성전자가 상호협력 비즈니스를 위해 유상증자에 참여하거나 경영권 인수 지분과 관련해 유상증자로 참여하는 경우다. 가치 있는 대기업이나 투자자가 들어오면 장기적으로 사업 시너지효과에 대한 기대감이 생긴다.

주주 배정 후 실권주 일반 공모
유상증자 매매법

유상증자 주식 배분 당일부터 하락 시 분할 매수, 단기적으로 50%~3배 수익 목표

권리락 이후 유상증자가 들어오는 당일부터 매수를 진행한다. 다만, 일반 유상증자 단가와 비슷하거나 아래에 있을수록 유리한 가격이다. 일반 유상증자 대비 50%~3배 수익이 가능하다. 수익률은 회사의 변화 가능성과 투자금의 용도에 따라 다르다. 단순히 부채상환 등 회사의 유지만을 위한 유상증자 납입 종목은 진행하지 않는다.

그림 70 CMG제약 차바이오텍이 최대 주주로 필름형 치료제로 두각

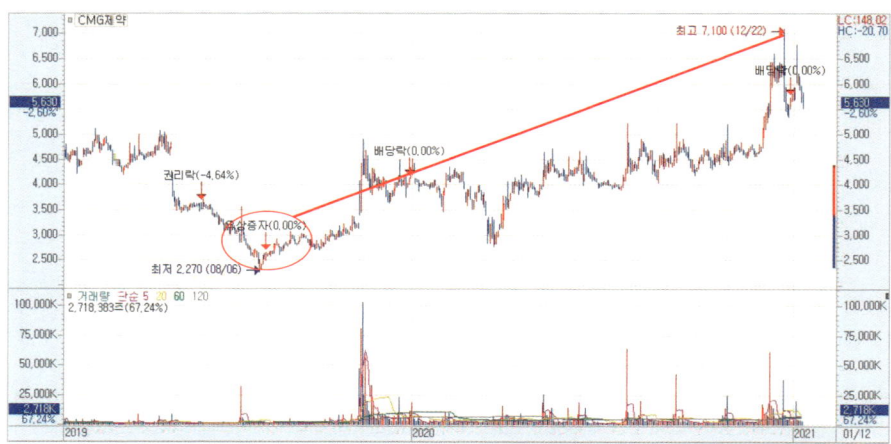

그림 71 우진비앤지 동물용 의약품 관련주로 체질구조 개선 기대감

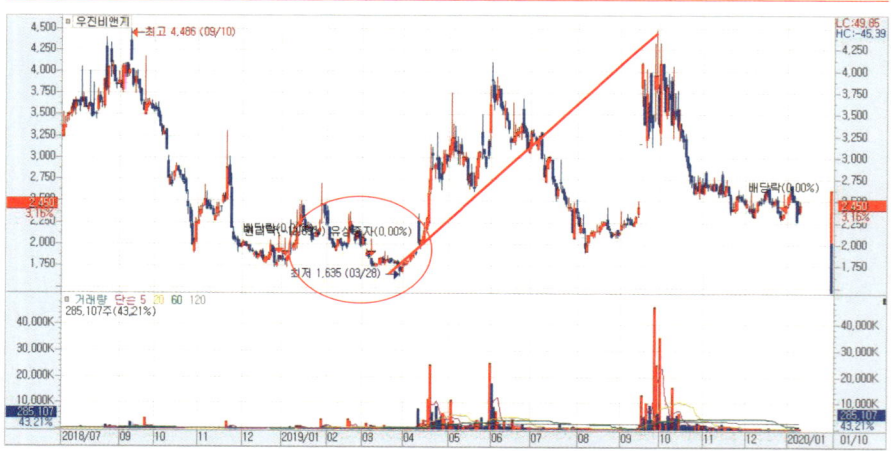

제3자 유상증자 매매법

투자자가 신뢰할 수 있는 기업이라면 좋다. 증자가격 대비 하락이 크다면 매수를 진행한다.

신뢰할 수 있는 기업에 대한 투자는 사업적인 시너지효과도 있지만 추후 주가 상승 기대감도 높다. 시장 상황 등으로 증자 대비 주가가 하락할 때 매수 가능하며 매수 방법은 10% 하락할 때마다 분할 매수 접근이 효과적이다.

그림 72 동진쎄미켐 삼성전자가 2017년 제3자 증자 19,950원 참여

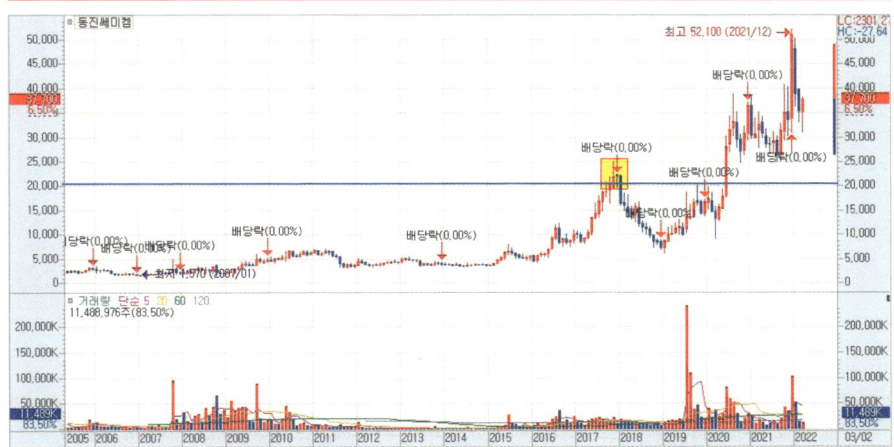

★Part 5★ 가짜는 포장을 많이 한다(뉴스/공시 분석법)

그림 73 로보스타 2018년 LG전자가 제3자 증자, 27,471원 참여(분할 접근 시 수익)

감자

증자의 반대말로 많이 사용된다. 감자는 유상감자와 무상감자가 있으며 대부분의 한국 기업은 무상감자를 하는데 감자할 때 자본에 영향을 미친다. 자본은 자본금, 자본잉여금, 이익잉여금, 기타로 구분되는데 적자가 지속되면 이익잉여금이 마이너스가 된다. 그 폭이 커져 자본금보다 자본이 적으면 자본잠식이 된다. 50% 이상 잠식을 부분 잠식이라고 부른다. 자본잠식은 결국 상장폐지를 부르므로 감자를 통해 자본금을 줄인다.

무상감자 자체가 기업 상태가 좋지 않다는 것의 인정이지만 변화 가능성이 열려 있는 것이다. 자본잠식을 피하고 회사가 정상화된다면 어떤 기업보다 주가가 빠르게 상승할 수 있다. 권리분석이 복잡한 부동산이 시세차익이 클 가능성이 높은 것과 비슷하다. 다만, 감자한 종목의 대부분은 쉽게 좋아지는 경우가 없다는 것을 명심해야 한다.

감자 종목 매매법

**시가총액 200억~400억 원 사이 분할 매수,
50%~3배 수익 매도**

감자 종목의 장점은 리스크 때문에 시장에서 시가총액이 낮게 형성되어 있다는 것이다. 그래서 매집이 쉽게 이뤄지고 빠르게 급등하는 경우가 있다. 특히 감자 이후 악성 매물도 많이 정리되어 탄력성이 강하다. 감자 이후 시가총액 200억~400억 원에 분할 매수해 50% 이상에서 적절한 수익을 보고 매도한다. 감자했더라도 지속적인 리스크가 존재하는 경우가 많으므로 단기적 접근으로 대응한다. 감자 종목은 리스크가 크므로 소량만 접근하는 전략이 좋다.

그림 75 판타지오 스튜디오드래곤과 제작 계약

분할

기업분할은 인적 분할과 물적 분할이 있다. 대한민국 상법에서는 인적 분할이 원칙이고 물적 분할은 예외로 규정하고 있다. 미국 등 선진국에서는 물적 분할된 회사를 상장하는 행위는 명시적, 암묵적으로 금지되어 있다. 인적 분할과 물적 분할을 알기 쉽게 설명하자면 인적 분할은 기존 주주가 신규법인을 나눠 갖는 것이고 물적 분할은 기존 기업이 가져가는 것이다.

물적 분할은 기업을 분리할 때 신설 기업의 주식을 모회사가 보유하는 방식이다. 대주주 입장에서 물적 분할 후 신설법인 상장은 큰 장점이다. A 기업이 지주사로 남고 분할된 B 기업이 유망한 사업 부문을 진행하는 경우가 많다. 경영권 타격 없이 대규모 자본 조달이 가능하다. 물적 분할을 할 때 대부분 유망한 사업을 분리해 새로운 회사를 만드는 이유는 상장하기도 쉽고 경영하기도 좋기 때문이다. 상장하면 IPO를 통한 투자금 유치가 쉬워진다.

대규모 자금조달에서 일반 유상증자 외에 가장 큰 규모로 투자받는 방식 중 하나다. 그런데 기존 주주 입장에서는 유망한 자회사가 분할되어 신규 상장하는 순간 기존 법인은 투자 메리트가 떨어지고 에너지도 분산된다. 신설법인이 연결재무제표로는 반영되지만 IPO를 통한 지분 희석과 시장에서의 선택이 나눠진다. 물론 물적 분할 때 기업이 자동 상장되지는 않지만 투자금 유치를 위해 상장을 시도하는 기업이 많다.

인적 분할은 기업을 분리할 때 주식을 나눠 분할하는 방식이다. 예를 들면 A 기업의 100% 주식이 A 기업 70%, B 기업(신설법인) 30%로 나눠진다. 기존 주주들도 A 기업 주식을 갖고 있다면 7:3 비율로 나눠 갖는다. 인적 분할은 자주 하지 않지만 회사가 필요할 때 주로 하는데 지주사 전환이나 경영권 승계가 목적이다. 즉, 지분 관리를 쉽게 하기 위해서다.

인적 분할은 상장사가 진행할 때 신설법인도 자동 상장된다. 개인 주주 입장에서는 물적 분할보다 인적 분할이 좋은 경우가 많다. 소액 주주 입장에서는 오히려 신설되는 기업의 가치가 올라갈 확률이 높다. 회사 입장에서는 분할을 통해 취득세, 등록세, 법인세가 낮아지고 연기도 할 수 있어 유리하다.

보편적으로 개인투자자 입장에서는 인적 분할이 물적 분할보다 긍정적이다. 물론 시간이 지나고 분리된 두 회사 다 잘되면 어떤 분할을 하더라도 상승할 것이다. 하지만 인적 분할 때는 지주사 보다는 사업회사의 상승 가능성이 더 높고 물적 분할은 신규 설립기업이 상장되는 것보다 안 되는 경우가 기존 주주들에게 긍정적이다.

인적 분할 매매법

지주사보다 사업부 매매를 진행한다. 실질적으로 주요 사업은 사업부에서 진행하는 경우가 많다.

일반적으로 상장사가 인적 분할을 하면 지주사와 사업부로 나뉜다. 지주사는 전치적인 관련사 관리, 컨설팅, 유통 등을 맡지만 주력사업을 직접 하지는 않으므로 큰 상승 잠재력이 없는 경우가 많다. 오히려 사업부가 분리되어 나와 사업하면 주력사업 위주로 떨어져 나오는 경우가 많으므로 사업부는 큰 시세를 기대한다.

그림 76 솔브레인홀딩스/솔브레인 반도체 소재 부문의 두각으로 상승

솔브레인(사업)은 지속적인 추세 상승을 보인 반면, 솔브레인홀딩스(지주사)는 상승이 제한되었다.

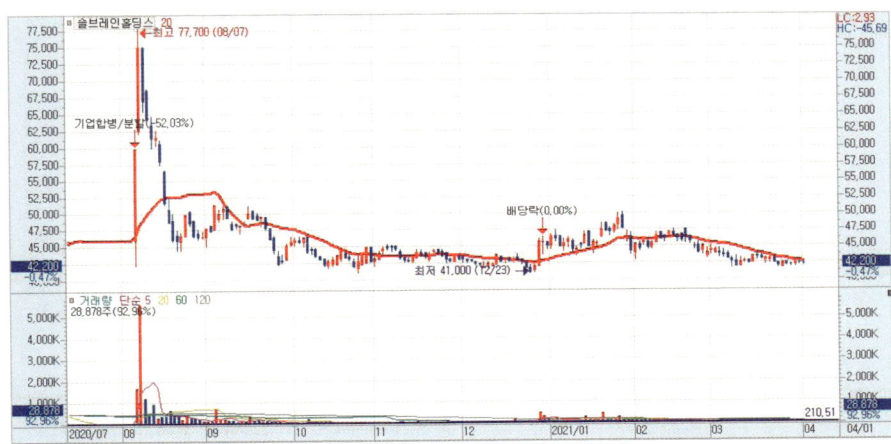

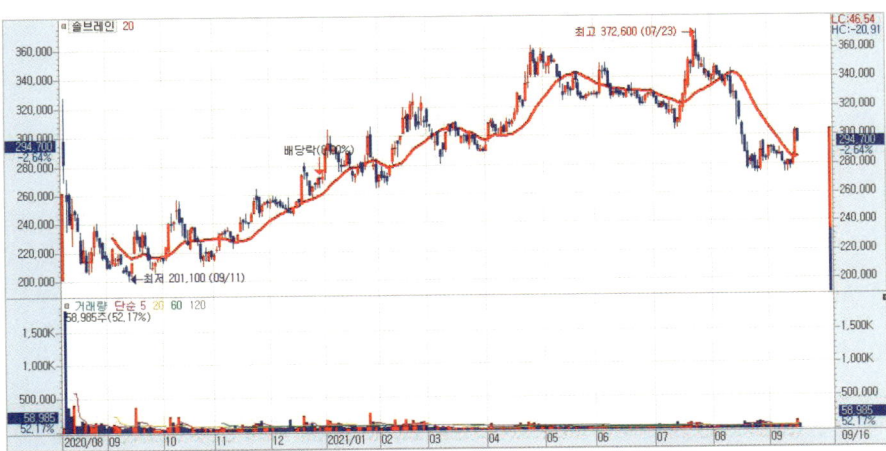

물적 분할 매매법

물적 분할된 회사가 상장하는 경우, 주력사업 쪽을 선택한다.

물적 분할을 하면 물적 분할 전 회사가 지분을 보유해 연결재무제표 상황으로 함께 연결되지만 개별재무제표는 따로 진행되므로 주력사업을 영위하는 쪽이 강한 상승을 보이는 경우가 많다. 물론 물적 분할된 기업이 상장하는 경우를 기준으로 한다.

그림 77 LG화학/LG에너지솔루션 LG에너지솔루션, 2차전지 대장주로 부각

2차전지 주력사업을 영위하는 LG에너지솔루션은 시가총액이 100조 원 이상 상승한 반면, LG화학은 시가총액이 40조 원 이하에서 형성되었다.

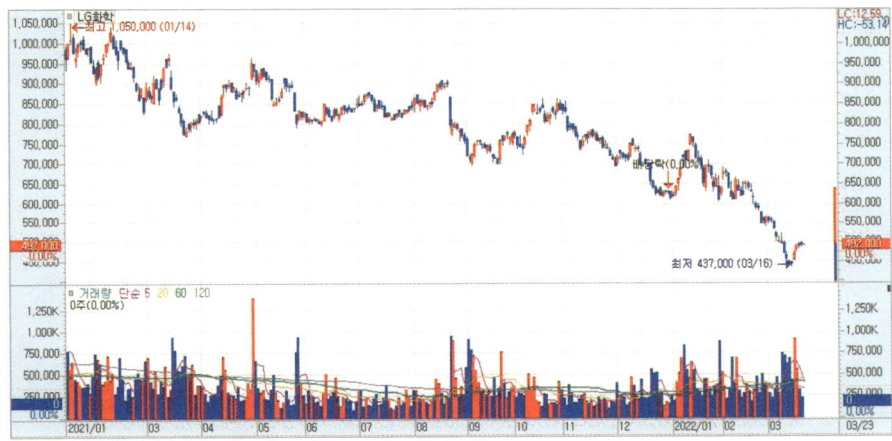

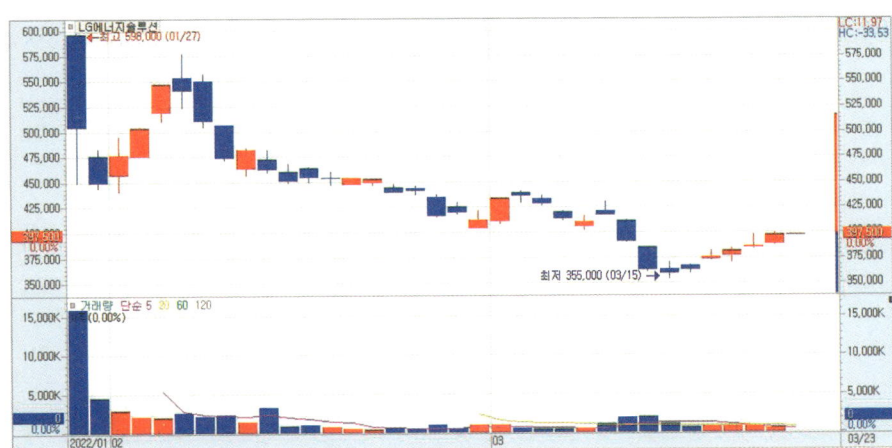

합병

합병은 여러 가지 이유가 있지만 단기간 체질개선이 가능하다. 특히 우리나라는 소규모 합병을 많이 한다. 소규모 합병은 주주총회 결의와 반대 주주들에 대한 주식 매수 청구 절차를 거치지 않고 다른 회사를 합병할 수 있도록 간소화한 상법상 절차다. 합병회사가 피합병회사 주주들에게 발행하는 신주의 총수가 합병회사 총 발행주식의 10% 이하일 때 적용된다.

합병할 때는 인수사와 피인수사의 합병 비율 계산도 중요하지만 합병으로 인해 특정 상장사가 적자에서 흑자로 턴어라운드하는 종목을 유심히 관찰해야 한다. 턴어라운드할 때 강한 시세가 기대되는 경우가 많다. 예를 들어 관리종목 또는 4년간 적자로 상폐될 리스크가 있는 경우, 합병 후 흑자가 되면 호재에 해당한다.

합병 매매법

합병 후 흑자 전환 기대 종목 위주 매매

합병의 기대효과는 다양하지만 가장 빠르게 눈에 보이는 효과는 재무구조 개선을 통한 시너지효과다. 체질개선이 필요할 때 가장 빠른 특효약이라고 보면 된다.

그림 78 엠피대산 대산포크 흡수 합병으로 별도 재무제표 흑자 전환 및 관리종목 탈피

★ 5-2 ★
투자를 쉽게 받기 위한 보너스 제도

전환사채(CB)

투자자 입자에서는 증자보다 전환사채(CB)가 매력적이다. 정해진 기간 안에 상승하지 못하면 채권의 성격이 있으므로 회사가 유지된다면 원금을 보장받을 수 있고 주가가 상승하면 주식으로 전환해 시세차익을 볼 수 있어 매력적인 상품이다.

2021년 12월 1일 이후로 전환사채법이 개정되었다. 최대주주 보유 비율이 30%이면 콜옵션 행사 한도도 30%로 제한된다. 제3자가 CB 콜옵션을 행사하는 경우, 다음날까지 주요 사항 보고서를 제출해야 한다. 가장 중요한 부분은 리픽싱 제도다. 기존에는 주가가 하락해도 리픽싱 최저한도까지 가격이 내려가고 유지되어 CB 투자의 큰 매력으로 자리잡혔다. 그런데 이제 하락하면 조정은 되지만 다시 가격이 상승하면 원래 발행했던 가격까지 오르게 되었다.

지금부터는 전환사채가 발행되면 제대로 된 투자자와 목적이 있다면 호재 가능성이 높다. 전에는 리픽싱 제도로 인해 주가가 눌렸다가 가는 경우도 있었는데 지금은 상승하면 다시 복원되므로 전환사채 발행가가 저점으로 인식될 가능성이 크다. 투자 방법은 유망한 투자자와 사용이 뚜렷하다면 전환사채 발행가 기준으로 10%씩 분할 매수 전략이 유효해 보인다.

교환사채(EB)

발행회사의 주식이 발행되지 않는 것이므로 자본금 변동이 발생하지 않는다. 기존에 보유 중이던 자기 주식이나 다른 주식 등을 기초자산으로 해 발행한다. 즉, 발행이 아닌 보유자산을 담보로 자금과 교환해 교환사채라고 부른다. 많은 회사가 기존에 발행된 자기 주식을 담보로 교환사채를 발행한다. 리픽싱 조항은 두거나 안 두기도 한다. 회사 입장에서는 기존 주식을 블록딜 형식이 아닌 투자 형식으로 배분하는 것이므로 분산효과도 있다.

교환사채 매매법

**자기 주식을 담보로 한 가격과 리픽싱 확인,
실현 가능성이 높으면 분할 매수**

교환사채는 할증해 진행되는 경우도 많다. 발행 가격을 확인하고 분할 매수로 접근할 수 있다. 교환사채 발행 가격 이하에서 10% 하락할 때마다 분할 매수가 유효하다.

그림 79 모트렉스 2020년 8월 교환사채 발행, 3,524원, 리픽싱 80% 가능

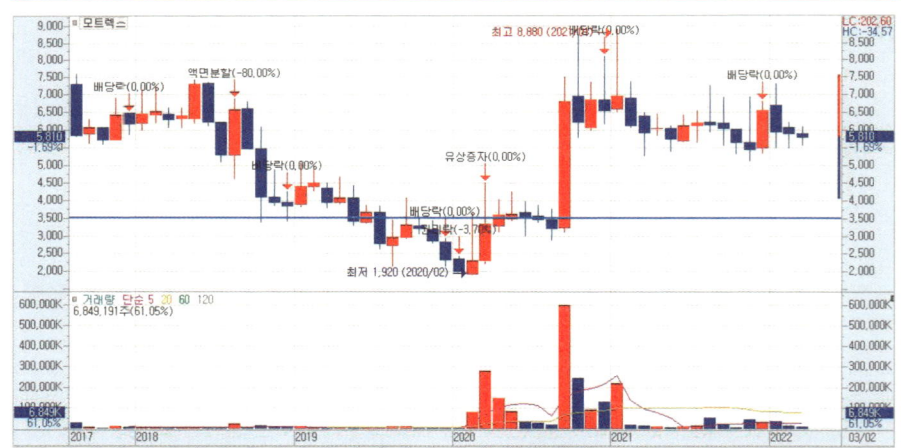

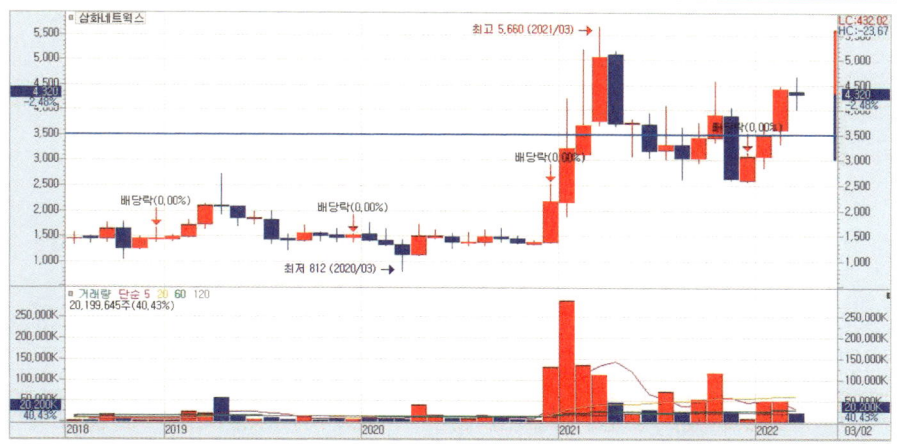

그림 80 삼화네트웍스 2021년 12월 교환사채 발행, 3,500원

신주 인수권부 사채(BW)

전환사채와 교환사채는 채권을 행사하거나 주식을 받으면 모든 권리는 소멸한다. 즉, 한 가지 선택사항만 있다. 하지만 신주 인수권부 사채는 이름 그대로 채권은 그대로 유지되면서 신주를 인수할 권리를 부여받는 것이다. 즉, 채권 이자를 그대로 유지하면서 특정 시점이 되면 주식을 특정 가격에 살 권리가 생기는 것이다. 발행 당시 발행가보다 주가가 낮으면 주식을 안 받으면 되고 주가가 높으면 행사하면 된다. 다만, 주식시장 참여자 입장에서 CB/BW/EB 발행 후 주가가 많이 상승한 다음 전환 청구 기간에는 악성 매물대와 매도 물량이 될 수 있으니 리스크를 관리해야 한다.

★ 5-3 ★
꼭 알아야 할 시장 위험 공시

벌점 15점 제도

2018년 4월 한국거래소는 코스닥 상장사가 최근 1년 동안 누적벌점 15점 이상을 받으면 상장적격성 실질심사를 받도록 지정했다. 코스닥 상장 문턱을 낮추는 대신 엄격한 퇴출 규정을 만든 것이다. 즉, 불성실 공시 벌점 누적이 15점이 되면 거래정지가 된다. 코스피 종목은 관리종목으로 지정된다.

코스닥 종목 중 누적벌점 7점 이상인 종목은 매매를 피하는 것이 좋다. 1년 누적벌점이므로 1년 시간이 지나면서 점수가 줄어드는 데 주목해야 한다. 2020년 3월에 9점을 추가했는데 2021년 3월이 지나면 9점은 사라진다.

내부관리 회계제도

재무제표 오류와 부정 비리를 막기 위해 재무보고와 회사 업무를 관리·통제하는 내부통제 시스템을 말한다. 한국거래소는 코스닥에 한해 내부회계관리 비적정 기업을 투자 주의 환기 종목으로 지정한다. 2년 연속 '비적정'을 받으면 상장적격성 실질심사에 올린다. 1년차에 내부관리 회계제도 비적정이 나오면 보유 중이더라도 비중을 줄이고 추후 감사보고서에 주목한다.

자본잠식

자본잠식이란 말 그대로 자본이 깎여나가는 것이다. 즉, 영업이익 등이 발생하지 않고 적자가 유지되면서 자기자본보다 자본금이 많은 경우를 말한다. 적자가 지속되면 자본금을 줄여 자본잠식을 피하려고 하는데 이때 실행하는 방법이 감자다.

자본잠식 계산법은 (자본금-자본총계)/자본금×100이다.
1) 관리종목 편입: 50% 이상 자본잠식
2) 상장폐지: 2년 이상 50% 이상 자본잠식이 유지되는 경우, 상장폐지

★ 5-4 ★
주가를 춤추게 하는 실적

　실적은 주가 상승에 가장 중요한 역할을 한다. 주식이 타 상품과 다른 점은 실체(기업)와 실적이 있다는 것이다. 특히 실적이 빠르게 성장하는 기업에 주목해야 한다. 3년간 매출액과 영업이익이 2배 이상 증가한다면 빠르게 성장하는 기업으로 보는 경우가 많다. 또는 적자였다가 흑자전환하는 기업에도 주목해야 한다. 시장은 극적인 변화를 주목한다. 특히 산업이 성장하면서 영업이익이 빠르게 증가하면 시장에서 주가도 긍정적인 평가를 받는다. 예를 들어 향후 10년간 성장이 기대되는 2차전지, 메타버스 등에서 트렌드와 실적 개선이 동시에 이뤄지면 크게 상승할 가능성이 크다.

그림 81 골프존 지속적인 실적 증가, 2021년 영업이익 1,000억 원 돌파

IFRS(연결)	2018/12	2019/12	2020/12	2021/12	전년동기	전년동기(%)
매출액	1,987	2,470	2,985	4,403	2,985	47.5
매출원가	776	939	1,119	1,550	1,119	38.5
매출총이익	1,211	1,532	1,866	2,853	1,866	52.9
판매비와관리비	930	1,209	1,351	1,777	1,351	31.5
영업이익	282	323	516	1,077	516	108.8

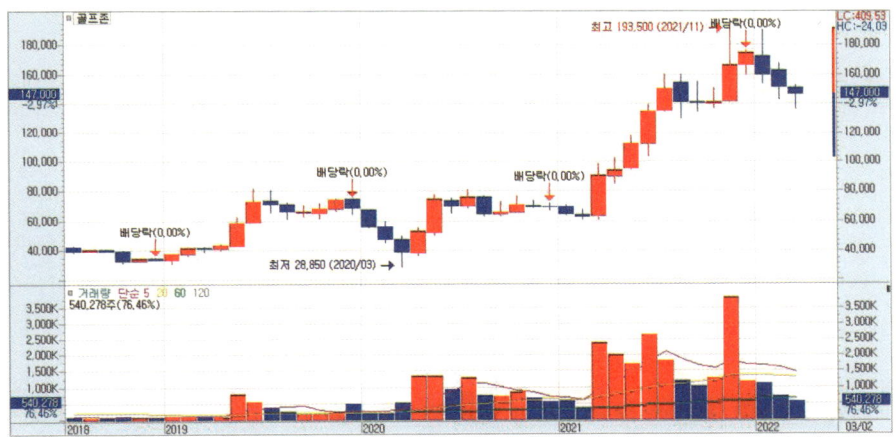

그림 82 에코프로비엠 2차전지 양극재 사업 두각, 2021년 영업이익 1,000억 원 돌파

IFRS(연결)	2018/12	2019/12	2020/12	2021/12	전년동기	전년동기(%)
매출액	5,892	6,161	8,547	14,856	8,547	73.8
매출원가	5,096	5,430	7,492	12,955	7,492	72.9
매출총이익	796	731	1,056	1,901	1,056	80.1
판매비와관리비	293	360	508	751	508	47.8
영업이익	503	371	548	1,150	548	110.0

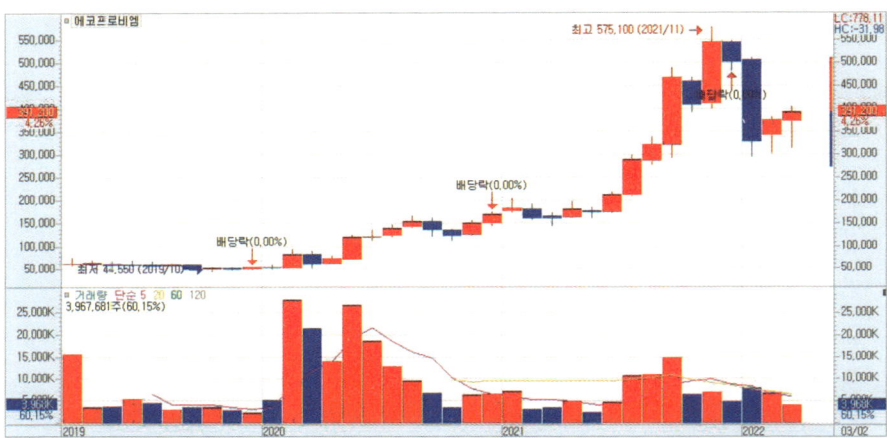

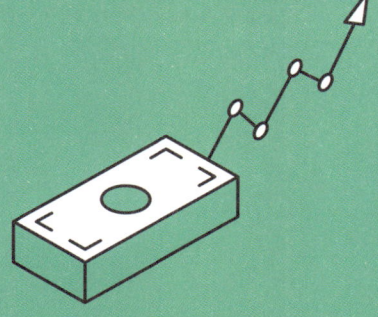

Part 6
결국 거래는 사람이 한다
(주주 분석법)

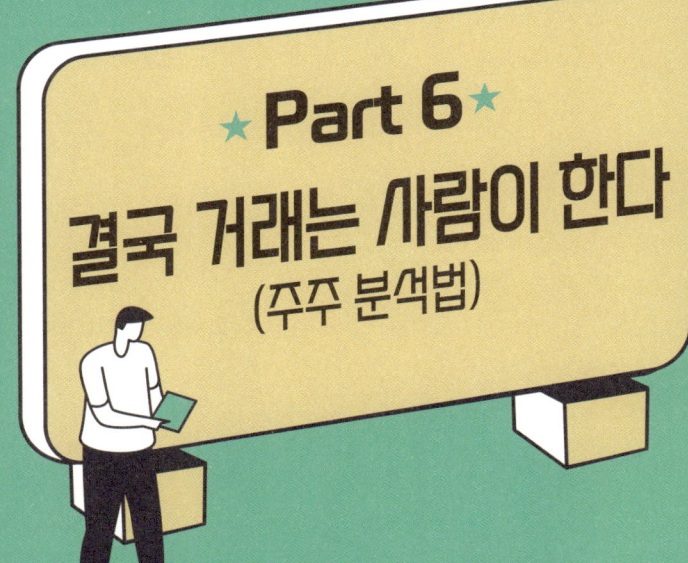

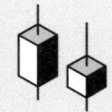

하루 종일 시세판만 쳐다본다고 돈을 벌 수는 없다

우량한 주식이란 투자자에게 수익을 주는 주식이다. 장중 흐름만으로 주가의 전반적인 흐름을 예측하기는 불가능하다. 회사는 준비되어 있고 상승시킬 의지가 있어야 한다. 회사를 운영하고 **최종적으로** 주식으로 수익을 보는 것은 결국 사람이다. 회사의 주인공과 뉴스 IR 등으로 상승 의지를 파악할 수 있다.

★6-1★
회사의 주인공 찾기

회사는 지분을 통해 주인공을 말한다. 경영권 주식 지분을 통해 이사회 확보가 가능하고 일정 지분을 보유하면 회사에 특별한 요구를 할 수 있고 지분투자로 상호협력을 모색하기도 한다. 지분공시는 상장주식 등의 변동정보를 공시하게 해 투명성 제고와 투자자 보호를 위한 제도다. 지분공시 제도는 '대량보유(변동) 보고'와 '임원, 주요 주주 주식 소유 상황 보고'로 구분된다.

대량 보유 보고는 본인과 특별 관계자의 소유분을 합쳐 5% 이상 보유하면 5일 이내에 최초 보고하고 이후 보유 주식이 1% 이상 변동하는 경우, 5일 이내에 추가로 보고해야 한다. 임원 및 주요 주주(10% 이상 보유 주주)의 경우, 5일 이내에 지분 소유사항을 신고해야 한다. 이후 소유주가 1주라도 변동이 있는 경우, 변동일로부터 5일 이내에 보고해야 한다. 투자자 확인법과 전일자 주요 지분 변동 공시 등을 통해 회사의 주인공을 확인할 수 있다.

투자자 확인법

**대기업에 타 법인 출자 현황 확인.
눌림 후 턴어라운드 차트 시 공략**

든든한 투자자는 회사의 사업적 시너지와 함께 안정성을 확보해준다. 사업보고서 공시에 타 법인 출자 현황(상세)에 내용이 담겨 있다. 지속적인 성장 모멘텀과 업무제휴 확대 시 안정적인 주가 상승이 기대된다.

그림 83 동진쎄미켐 삼성전자 타 법인 지분 투자기업

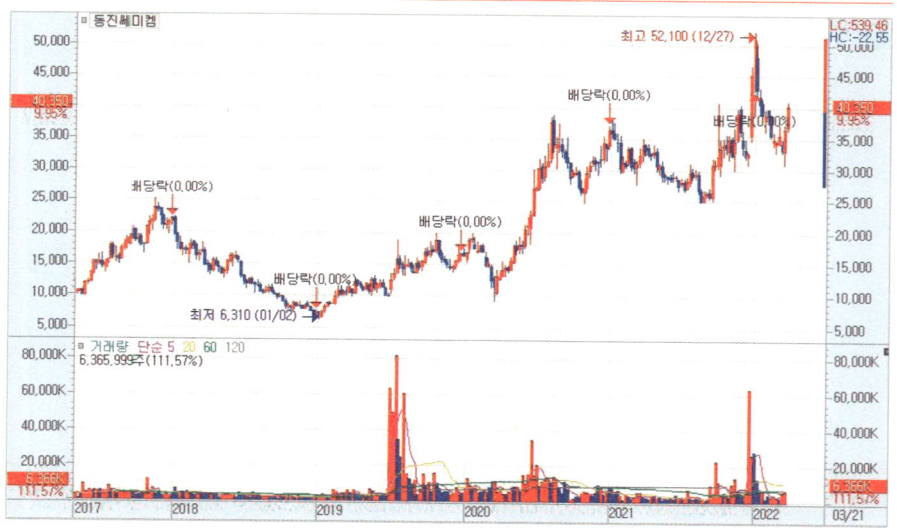

(기준일 : 2021년 12월 31일) (단위:백만원, 천주, %)

법인명	상장여부	최초취득일자	출자목적	최초취득금액	기초잔액			증가(감소)			기말잔액			최근사업연도재무현황	
					수량	지분율	장부가액	취득(처분)		평가손익	수량	지분율	장부가액	총자산	당기순손익
								수량	금액						
(주)아이마켓코리아	상장	2000.12.07	경영참여	1,900	647	1.8	5,658	-	-	1,268	647	1.9	6,926	1,120,160	44,499
(주)케이티스카이라이프	상장	2001.12.01	단순투자	3,344	240	0.5	2,114	-	-	80	240	0.5	2,194	1,275,645	62,309
(주)용평리조트	상장	2007.05.11	단순투자	1,869	400	0.8	1,702	-	-	256	400	0.8	1,958	911,905	-17,562
에이테크솔루션(주)	상장	2009.11.26	단순투자	26,348	1,592	15.9	19,263	-	-	6,925	1,592	15.9	26,188	199,851	5,464
(주)원익홀딩스	상장	2013.12.18	경영참여	15,411	1,759	2.3	11,153	-	-	-2,392	1,759	2.3	8,761	1,946,027	148,039
(주)원익아이피에스	상장	2016.04.01	경영참여	16,214	1,851	3.8	81,904	-	-	-3,609	1,851	3.8	78,295	1,186,189	102,879
(주)동진쎄미켐	상장	2017.11.01	경영참여	48,277	2,468	4.8	90,078	-	-	35,785	2,468	4.8	125,863	1,186,189	102,879
솔브레인홀딩스(주)	상장	2017.11.01	경영참여	30,752	462	2.2	20,825	-	-	-4,849	462	2.2	15,976	1,339,378	1,444,437
솔브레인(주)	상장	2020.07.01	경영참여	24,866	373	4.8	101,668	-	-	2,315	373	4.8	103,983	717,745	64,883
(주)에스앤에스텍	상장	2020.08.14	경영참여	65,933	1,716	8.0	74,651	-	-	-11,498	9,602	11.7	59,530	467,841	51,189
와이아이케이(주)	상장	2020.08.14	경영참여	47,336	9,602	11.9	60,010	-	-	-6,849	1,022	4.9	24,584	452,895	42,011
(주)케이씨텍	상장	2020.11.16	경영참여	20,720	1,022	4.9	31,433	-	-	-2,282	1,268	7.1	21,804	266,645	19,187
(주)엘오티베큠	상장	2020.11.16	경영참여	18,990	1,268	7.7	24,086	-	-	-2,282	1,268	7.1	21,804	266,645	19,187
(주)뉴파워프라즈마	상장	2020.11.16	경영참여	12,739	2,141	4.9	14,109	-	-	-386	2,141	4.9	13,723	477,500	28,000
(주)에프에스티	상장	2021.03.16	경영참여	43,009	-	-	-	1,523	43,009	-4,402	1,523	7.0	38,607	343,722	28,700
(주)디엔애프	상장	2021.08.11	경영참여	20,964	-	-	-	810	20,964	-2,455	810	7.0	18,509	190,023	10,306

전일자 주요 지분 변동공시 매매법

매일 주요 지분 체크로 변화 가능한 회사 체크

HTS 검색란에 전일자 주요 지분 변동 공시를 검색하면 매일 오전 8시 30분 무렵에 정리해 인포스탁에서 제공한다. 전일자 주요 지분 변동공시를 통해 지분 변동사항을 정리할 수 있다. 메이저 회사나 슈퍼개미 투자자가 지분을 늘리는 종목에 주목한다.

★6-2★
회사의 주가 상승 의지 파악법

회사는 IR로 말한다. 뉴스와 공시를 잘 분석하면 대부분의 상승 의지를 파악할 수 있다. 공시 기준으로는 실적이 증가하고 최대주주가 지분을 늘리는 것이 긍정적이다. 뉴스로는 시장 트렌드에 맞는 신사업 진출과 업무제휴 등이 호재가 될 수 있다. 요즘은 수많은 정보가 있는데 그중에서 선택과 집중으로 볼 수 있는 서비스를 택할 수 있다. 무료 제공 채널은 다음과 같다.

갤럭시아 스튜디오 유튜브 채널 활용

- 기업 CEO 인터뷰 및 회사 소개
- 메타버스, 2차전지, 제약·바이오산업 설명 등
- 유튜브 검색창에 '갤럭시아 스튜디오'

앞으로 10년 이상 성장할 업종을 소개한다. 메타버스는 전 세계 대기업이 가장 주목하는 시장으로 확장성과 활용이 다양하다. 아직 익숙하지 않은 메타버스, NFT, 가상화폐 용어 등을 쉽게 설명하고 종목과 연계해 투자 측면에서도 설명한다.

2차전지는 환경 및 에너지 자원 부족 등의 문제로 2040년까지 지속적인 교체 패러다임이 발생할 것으로 보인다. 전 세계가 내연기관에서 2차전지로 자동차가 의무적으로 변경됨에 따라 관련 사업의 확장과 지속적인 실적 개선이 기대된다. 그리고 빠르게 변화하는 LFP, 전해액, 전고체 등의 신기술도 설명한다.

제약·바이오 업종은 태초부터 인간의 끝없는 욕망인 건강 관련 산업이다. 건강하게 장수하는 것은 모든 인간의 소망일 것이다. 제약·바이오 관련 용어를 더 알기 쉽게 설명하고 관련 임상 과정의 성공 가능성과 기대효과 등을 설명하고 제약·바이오 업종을 주식 측면에서 접근하는 계산법도 소개한다.

그리고 단순히 증권전문가만의 눈이 아니라 CEO와 전문가 인터뷰로 전문성과 다양성도 제공한다. 기존 인터뷰가 단순히 기업에만 초점을 맞춘 반면, 갤럭시아 스튜디오에서는 CEO와 전문가의 견해와 경험 등을 통한 이야기도 정성적 부분과 함께 제공한다. 이 책에 나와 있는 주식 기법 등의 보충 설명도 되어 있다.

뉴스샐러드 휴대폰 앱 활용

- 인공지능 투자뉴스 무료 분석 시스템
- 휴대폰 앱 다운로드 창에 '뉴스샐러드'

'소문에 사서 뉴스에 팔라'는 특히 우리나라에서 강조하는 주식 격언이다.
'정확한 뉴스와 정보 분석이 안정적이고 큰 수익을 만든다'는 AI 시대에 더 확률 높은 말이다.

개인투자자의 최대 고민은 정보의 비대칭이다. 주식시장의 정보가 비대칭적인 이유는 정보의 일방적인 전달과 같은 정보의 해석 차이다. 그래서 개인투자자는 불확실한 비공개 정보와 루머에 열광하는 경우가 많다. 하지만 잘못된 정보가 많고 거짓인 경우, 손실을 볼 확률이 높다.

많은 상장사가 뉴스 IR을 통해 기업의 성과와 사업 방향을 꾸준히 전한다. 뉴스는 네이버와 같은 포털과 증권사 HTS를 통해 전달되지만 바쁜 현대인이 모든 뉴스를 찾아보기는 불가능하며 필요한 정보만 친절하게 제공되는 경우는 적다. 수많은 내용과 산발적인 정보는 없는 것과 마찬가지다.

뉴스샐러드는 필요한 주식 정보만 실시간으로 제공한다. 테스(095610)라는 정보를 검색하면 테스 주식 종목뿐만 아니라 나훈아의 '테스 형'도 함께 나온다. 볼 정보가 많으면 보기 싫어지고 시간 소모가 크지만 뉴스샐러드는 AI 기술로 테스 관련 정보만 제공하며 휴대폰 앱으로도 볼 수 있어 조금단 시간을 내면 언제든지 테스(095610) 정보만 볼 수 있다. 하루에 1분은 1,440번 있다. 그중 조금만 아끼면 언제든지 내 종목 정보를 실시간으로 정리해 볼 수 있다.

뉴스샐러드는 제공된 뉴스를 AI로 판단해준다. 정보가 비대칭적이라고 느껴지는 가장 큰 이유는 주어진 정보에 대한 해석 차이일 수 있다. 뉴스가 생성되더라도 우선 전문지식이 없으면 긍정과 부정으로 나누기조차 어렵다. 하지만 뉴스샐러드 AI가 제공된 정보를 데이터값으로 구분해 긍정과 부정 그리고 빅데이터 분석을 통해 예상 추세 지표를 보여준다. 즉, 뉴스샐러드를 활용하면 정리된 필요한 정보만 실시간으로 받을 수 있고 AI와 빅데이터 분석을 통해 뉴스의 긍정적, 부정적 의미를 판단할 수 있다.

인베스팅닷컴 휴대폰 앱 활용

원자재 및 에너지 시세(금, 은, 구리, WTI, 니켈, 아연 등)를 실시간으로 보여준다. 그 외에도 채권, ETF, 외환, 지수 등의 시세를 무료로 제공한다.

그 외에도 비상장 주식 상장 전 정보는 포털에 [IPO STOCK]을 검색해 확인하면 다양한 정보가 정리되어 있다. 증권사 리포트는 [한경 컨센서스], 연구보고서는 [한국개발연구원] 등이 있다.

* 특별 TIP 5

1. 투자받은 회사가 역으로 투자한 회사에 일부 재투자하는 회사를 주목하라.

사업 확장 및 시너지효과를 위해 타 법인의 지분 투자 및 유·무형 자산을 취득한다. 그런데 그 투자금 중 일부가 다시 투자한 회사로 증자나 채권형태로 재투자가 들어오는 경우가 있다. 이것은 상호협력해 좋은 결실을 맺고 주가 부양에 서로 힘이 되려는 의지인 경우가 많다. 확인 방법은 사채 및 증자는 특정인에 대한 대상자별 발행 내역이 나오는데 발행 결정 전후 6개월 이내 거래 내역 및 계획이 공시된다. 그 기입란에 유·무형 자산 거래가 있는지 주목하거나 투자회사에 구주 및 유상증자 등의 취득이 있는지 확인한다.

2. 상장사는 개별도 중요하지만 연결대상 종속회사 현황도 중요하다.

연결대상 종속회사가 관련 다각화된 회사가 많을수록 좋다. 관련 협력사여서 시너지효과가 기대된다. 비관련 다각화된 회사는 로또를 바랄 수도 있지만 잘못하면 단기적인 성과 후 전문성 부족으로 사업을 이어가기 힘들 수도 있다. 물론 사업을 확장해 하나 더 추가할 수 있지만 본 사업이 3개를 초과하면 안 좋은 경우가 많다. 잘 안 풀려 여러 사업을 비관련 다각화로 확장하는 경우가 많다. 물론 관련 회사도 최근 사업연도 재무현황을 체크해야 한다. 훌륭한 아군이 많을수록 좋은데 그것이 흑자기업일 때 큰 힘을 얻는다.

3. 임원 및 직원 등의 현황 체크가 필요하다.

임원의 주요 경력은 회사의 성장 가능성과 연계되어 있다. 사업보고서 및 분기 보고서에 임원 및 직원 등의 현황에 출생 연월, 직위, 담당업무, 주요 경력, 재직기간, 임기만료 등이 나와 있다. 출생 연월을 통해 최대주주가 나이가 많은 경우, 상속 부분을 고려해야 한다. 상속으로 인한 주가 부양 의지가 약해지거나 제3자에게 매각하는 경우가 발생할 수 있다. 주요 경력은 관련 기업에서 많은 경험이 있고 성공 스토리가 있는 중역이 있는 회사가 좋다. 그 경험을 바탕으로 지속적인 성과를 창출할 수 있다. 임기 만료일은 일반적으로 3년이며 재연장이 가능하다. 특히 임기가 만료되는 이사가 많은 해나 그전 해에는 회사에 따라 변동이 클 가능성이 크다.

4. 이사회에 관한 사항을 확인한다.

주주총회에서 결정할 큰 사안이 아니면 일반적으로 이사회에서 결정한다. 유상증자 및 전환사채 건뿐만 아니라 법인 설립, 출자 사항 등도 모두 확인할 수 있다. 사업보고서에서 '이사회에 관한 사항'을 클릭하면 일반적으로 (나) 항목에 주요 의결사항이 있는데 거기서 의안 내용을 확인한다. 회사의 큰 변화를 일목요연하게 확인할 수 있다. 일반적으로 모든 부분이 하나씩 공시되거나 뉴스로 나오는 부분이 아니므로 큰 사안은 '이사회에 관한 사항'을 통해 스토리를 알 수 있다.

5. 정관을 확인한다.

정관은 사업보고서 첨부에 있다. 정관은 회사의 설립, 조직, 업무활동 등에 관한 기본 규칙을 정한 자주적 법규 문서로 법률을 보충하거나 변경해 회사의 단체적 법률관계를 규정한 총체다. 정관을 확인하면 회사의 전반적인 법적 스토리를 알 수 있다. 증자, 사채, 액면가 등에 관한 범위 및 초다수결의제 등 다양한 부분을 체크할 수 있다.

* 강한 상승 의지가 있는 종목을 차트로 확인하는 법

엔빌로프(Envelope) 차트를 확인하면 쉽게 적용할 수 있다. 엔빌로프 차트는 일정한 이동평균선을 기준으로 두고 상하 % 값을 정하는데 쉽게 말해 밴드라고 생각하면 된다. 예를 들어 이동평균선 20일선을 중심으로 30% 폭을 정해 구간을 표시한다고 보면 된다. 그래서 밴드(봉투) 안은 일어날 가능성이 큰 경우이고 밴드(봉투) 밖은 일어날 가능성이 희박한 경우다. 즉, 밴드 안에서 주가가 움직인다는 전제하에 지지선과 저항선에 닿을 때 매수·매도 시그널로 본다. 특히 지지선에서 매수 시그널이 강하다.

그런데 강한 상승 의지가 있는 종목은 오히려 엔빌로프 상단을 강하게 돌파하는 종목이다. 확률상 희박하고 강한 모멘텀과 함께 돌파할 때 강한 상승이 기대된다. 물론 상황에 따라 돌파 후 눌림을 활용하는 경우도 많다.

상승 의지 적용 값은 (20, 30)을 이용한다. (20, 30)은 20일선 기준으로 상하 폭을 30%로 정한다고 보면 된다. 엔빌로프(20, 30)을 보는 이유는 20일선은 대표적인 추세선이며 30%는 현재 상한가 폭을 의미하기 때문이다. 그런데 20일선 기준으로 상단 30%를 돌파했다면 강한 상승 의지를 확인할 수 있다.

엔빌로프 상단을 강하게 돌파한 종목 중 단기 트레이딩이나 급등 매매를 선택할 수 있다. 다만, 시가총액이 높은 종목에는 적용되지 않는다. 10% 이상 변동 폭도 나오기 어렵기 때문이다.

그림 84 삼성전자 시가총액이 높은 종목은 엔빌로프 상단(20, 30)을 돌파하기 어렵다.

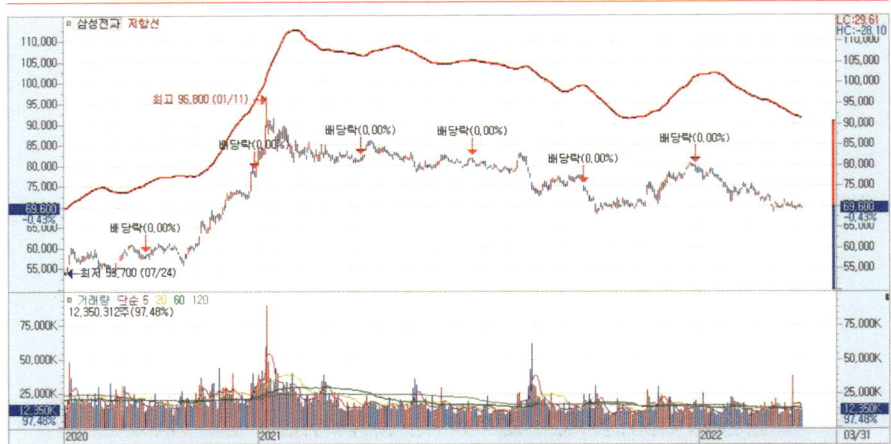

그림 85 씨젠 엔빌로프 상단(20, 30) 돌파 후 본격적인 상승 발생

그림 86 NHN벅스 엔빌로프 상단(20, 30) 돌파 후 본격적인 상승 발생

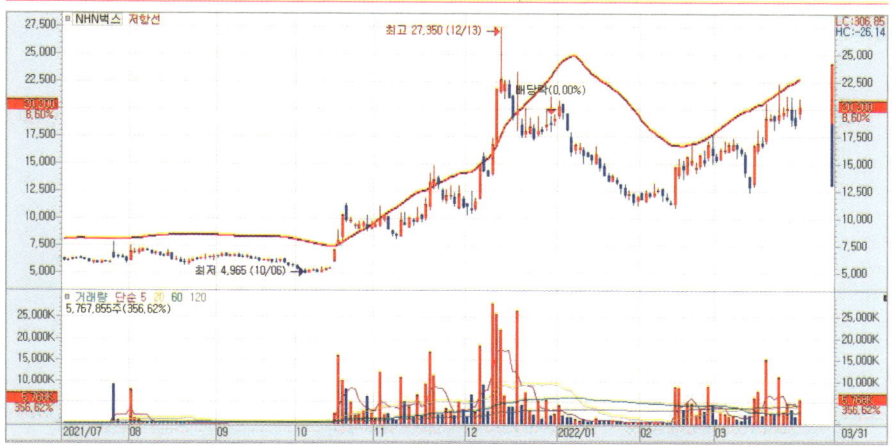

193
★Part 6★ 결국 거래는 사람이 한다(주주 분석법)

그림 87 엔빌로프 지표 조건 설정(20, 30) / 라인 설정(저항선만 체크)

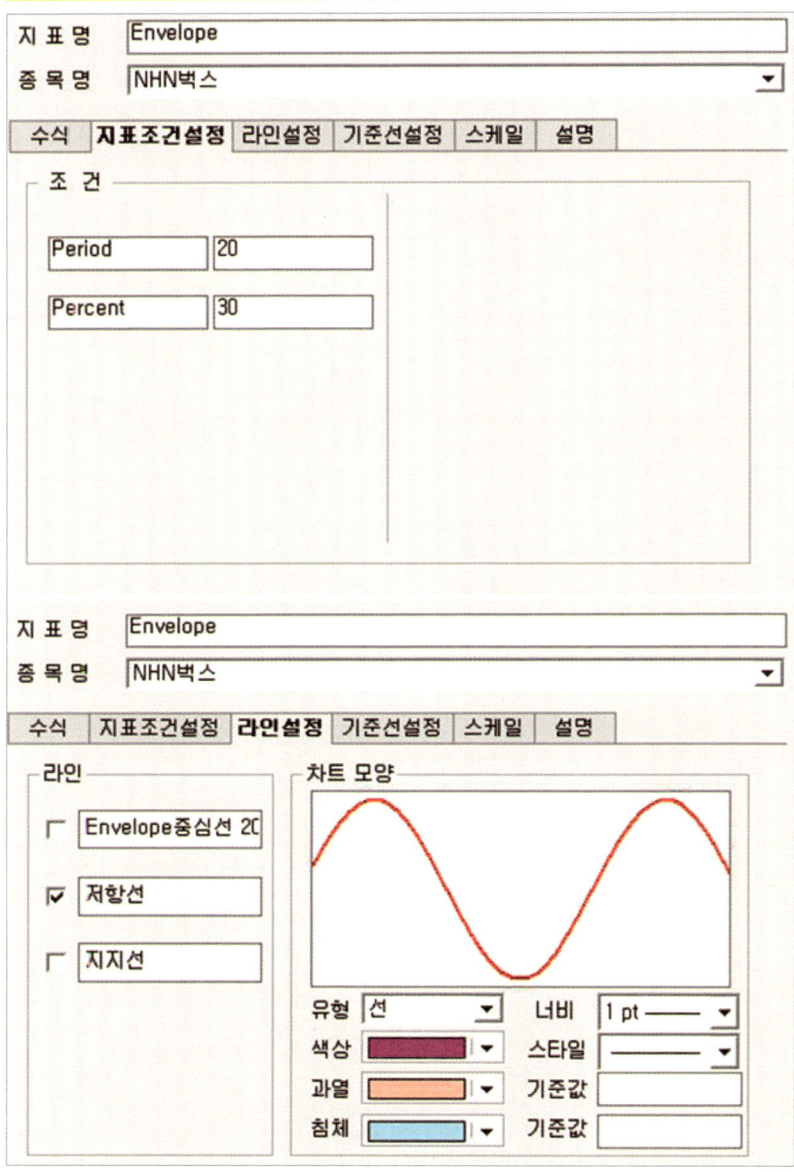

Part 7

마인드 관리가 승리로 이끈다
(마인드 관리법)

주식은 심리전이다. 자신을 다스려라

우량한 주식을 보유했더라도 심리를 다스리지 못하면 수익은 적고 손실 확률은 크다. 흔들리지 않는 마인드 관리 훈련이 가장 중요하다. 황금 주식을 명쾌한 타이밍에 포착했다면 마음을 다스려 수익을 극대화하는 것이 중요하다. 또한, 트레이딩 판단 실수를 재빨리 인정하고 대응하는 심리 훈련이 필요하다.

★ 7-1 ★
지피지기백전불태
(知彼知己百戰不殆)

　　10년간 성장할 확신 있는 업종과 종목에 투자해야 흔들리지 않는다. 텐배거(10배 상승할 종목)를 얻으려면 무엇보다 확신이 필요하다. 10배 갈 종목을 알더라도 대부분 불안감에 짧은 수익으로 마무리 짓는다. 업종과 미래에 대한 철저한 스토리 분석이 되어 있으면 단기/스윙/중기/장기 매매는 편안하다. 확신이 생기면 시장 상황으로 단기적 하락이 나오면 단기 트레이딩이 가능하고 바쁜 직장인이라면 장기매매로 편안한 매매가 가능하다.

　　앞으로 10년간 2차전지와 메타버스 두 업종의 지속적인 성장이 예상된다. 굴뚝 있는 산업은 2차전지, 굴뚝 없는 산업은 메타버스다. 현실 세계에서는 유한한 자원에서 비롯된 다양한 문제가 우려된다. 물적 자원 중 석유의 유한한 자원 한계로 인해 전기로 충전해 재생할 수 있는 2차전지 산업이 성장했다. 더불어 재생에너지인 태양광, 풍력 등도 발전 중이다. 현실 세계에는 계층구조와 물리적/공간적 제약으로 인한 욕구 부족이 가상세계(메타버스)를 성장시키고 있다.

2차전지

2차전지 제조는 전극 공정 → 조립 공정 → 활성화 공정으로 이뤄진다.

전극 공정에서는 완성차 업체가 주행거리, 충전시간, 안정성, 저온특성, 수명에 주목한다. 주행거리는 양극재, 음극재, 양극판, 음극판이 영향을 미치며 충전시간은 양극재, 음극재, 전해질이 중요하고 안정성은 분리막과 전해액이 주요 역할을 하고 저온특성은 전해액이 영향을 미치고 수명 향상은 양극재, 음극재, 전해액이 주요 역할을 한다.

전극 공정은 2차전지 소재를 직접 다루는 기술로 양·음극판과 분리막을 만드는 공정으로 리튬 배터리의 4대 구성요소(양극재, 음극재, 분리막, 전해액)의 핵심 공정이다. 전극 공정은 혼합, 건조, 압착, 절단 등의 단계로 이루어진다. 구체적인 과정은 활물질(전기에너지 생산물/리튬 산화물 등), 도전재(전자 이동을 도와주는 물질), 바인더(물질을 섞는 점착제 역할)를 혼합(mixing)한다. 그리고 분산 용매를 통해 바르기 좋게 슬러리(액체)화한다. 슬러리(혼합물)를 금속 집전체 표면에 도포·건조(coating), 고온 압착(roll pressing), 절단(slitting)한다.

기존 도전재는 카본 블랙을 이용한다. 그런데 CNT 도전재는 카본 블랙 대비 사용량을 80%가량 줄일 수 있어 효율적이다. 특히 CNT 도전재를 이용하면 고가의 바인더 사용량을 줄이고 활물질 수용량을 증가시킬 수 있다. 양극재 CNT 도전재는 국내에서 LG화학과 나노신소재가 생산 중이고 음극재 CNT 도전재는 나노신소재와 동진쎄미켐(노스볼트사와 대규모 공급 계약)이 생산 중이다. 바인더는 서로 잘 붙게 해주는 가루(점착제)다. 양극재 바인더는 켐트로스가 초기 단계로 진행 중이며 음극재 바인더는 한솔케미칼이 국내에서 유일하게 진행 중이다.

현재 슬러리는 유기 용매 NMP(N-Methyl Pyrollidone)를 사용하는데 분산성, 결착력, 안전성 등이 우수하다. 재원산업(삼성SDI 향 폐NMP), 동화기업(SK이노베이션 향 폐NMP)이 유럽 내 폐NMP를 재활용 중이거나 할 예정이다.

양극재는 배터리의 용량과 출력(성능)을 결정하는 핵심소재로 배터리 생산원가의 40~45%가량을 차지한다. 에너지 밀도를 끌어올리려면 양극화 물질의 에너지 밀도를 최대로 높여야 한다. 배터리의 적합한 성능을 내는 양극화 물질로는 니켈(Ni), 망간(Mn), 코발트(Co), 알루미늄(Al) 등이 있다. 니켈은 고용량, 망간과 코발트는 안정성, 알루미늄은 출력 특성을 향상시키는 역할을 한다. 양극재는 NCM(니켈, 코발트, 망간), NCA(니켈, 코발트, 알루미늄) 두 가지 양극재가 많이 사용된다. 니켈을 높여 고용량을 지향하지만 안정성이 떨어져 보완해주는 것이 양극재 기술의 핵심이다. LG화학, SK이노베이션은 NCM 기술을 이용하고 삼성SDI는 NCA 기술을 이용한다.

에너지 밀도를 향상시키기 위해 니켈 함유량을 90% 이상으로 끌어올리는 추세다. 에코프로비엠은 NCA 양극재를 통해 90% 이상의 하이 니켈 양극재를 생산 중이며 삼성SDI와 합작사 에코프로이엠을 설립했다. 엘앤에프는 글로벌 양극재 업체 중 유일하게 니켈 비중이 90%인 NCMA 양극재를 생산 중이다. 특히 비싼 코발트 사용량을 줄이는 것이 목표다. 코스모신소재는 NCM 배터리 양극화 물질을 대규모 증설했다. 코스모화학의 자회사인 코스모에크켐은 양극재의 핵심원료인 코발트를 납품했다. 포스코케미칼은 NCMA 양극재 라인 증설에 대규모 투자했고 포스코 EMS를 합병하면서 하이 니켈 양극재 매출이 많이 증가했다.

니켈을 안정적으로 조달하기 위해 배터리 업체들은 전략적 협력 관계를 맺고 있다. 2014년 KG케미칼의 자회사인 KG에너켐은 2차전지의 핵심원료인 황산니켈 국산화에 성공했다. 니켈 함유량이 낮은 원재료를 저렴한 가격에 들여와 자체 기술로 추출해 가공하는데 세계 2위 양극재 생산업체인 벨기에 유미코아와 공급계약을 체결했다. 고려아연은 황산니켈 제조사인 켐코 지분을 35% 보유 중이다. LG화학도 켐코 지분을 10% 보유 중이다. 추가로 고려아연과 LG화학은 2차전지 전구체 합작사 설립을 위한 MOU를 체결했다. 웰크론한텍은 2차전지 양극재 원료 생산을 위한 황산니켈 농축/결정화 설비 생산을 공급 중이다.

음극재는 충전할 때 양극에서 나오는 리튬이온을 받아들이는 소재로 배터리 수명에 큰 영향을 미친다. 구조적인 안정성과 낮은 가격을 고려해 흑연을 사용한다. 흑연은 충방전을 거치면 부피가 10%가량 커지고 작아진다. 그래서 한 방향으로 크게 팽창하는 천연흑연 대신 모든 방향으로 조금씩 팽창하는 인조흑연을 혼합해 사용해 수명을 늘린다. 포스코케미칼이 천연흑연과

인조흑연을 생산 중이다. 포스코케미칼은 아프리카 흑연광산 지분 투자를 했다.

실리콘을 활용하면 에너지 밀도가 10배가량 증가하는데 실리콘을 활용한 기술이 중요해지고 있다. 실리콘 음극재를 활용하면 주행거리는 20% 증가하고 비용은 줄어드는 효과가 있다. 하지만 실리콘은 팽창과 폭발 위험이라는 단점이 있다. 이를 보완하기 위해 CNT 도전재를 사용하고 개발 중이다. 음극재용 CNT 도전재는 용해도가 매우 낮은 물에 분산해 사용한다. 기술적으로 고난도여서 상용화한 업체는 전 세계에서 나노신소재가 유일하다. 또는 실리콘을 산화물로 감싸는 방법이 있다. 수명과 비용이 늘어나는 대신 충전 속도가 줄어든다. 관련 부분은 LG화학(LG에너지솔루션)과 대주전자재료가 진행 중이다. 대주전자재료는 특허만 100개 이상 보유 중이고 리튬 2차전지 음극재로 세종대왕상을 수상했다. 추가로 탄소로 코팅하거나 배합하는 방법이 있는데 삼성SDI와 한솔케미칼이 주로 하고 있고 현대차와 전고체 배터리 공동 특허를 출원했다. SK머티리얼즈도 흑연/실리콘 음극 소재를 개발 중이고 이녹스도 티알에스를 자회사로 편입시켰다. 티알에스는 실리콘계 음극재를 개발 중이며 미세 실리콘 파우더를 개발할 수 있는 유일한 업체다. 애경유화는 대규모 리튬 2차전지용 음극재 생산공장을 착공하고 음극화 물질을 생산할 예정이다. 엠케이전자는 2차전지용 음극화 물질 제조법과 관련해 삼성SDI와 공동 특허를 취득했다.

음극 집전체 주요 소재는 동박(구리로 만든 얇은 박)이다. 동박은 리튬 배터리에 들어가는 음극 집전체(전기 저항이 낮고 충전과 방전 도중에 활물질로 전류를 전달하거나 활물질에서 전류를 전달하도록 구성된 요소)로 전자가 이동하는 데 도움을 주는 배터리 소재다. 동박집전체는 자체 성능도 천차만별이며 공장을 짓더라도 제품 생산까지 오래 걸려 진입장벽이 높다. 일진머티리얼즈는 동박 3사(SKC, 일진머티리얼즈, 솔루스 첨단소재) 중에서 가장 큰 시장점유율을 보유 중이다. SKC는 동박 제조 글로벌 1위 업체 KCFT를 인수해 SK넥실리스로 사명을 변경했고 세계적 수준의 기술을 확보했다. 솔루스 첨단소재는 유럽에 생산설비를 보유 중이며 고려아연도 2023년부터 자회사 케이잼에서 동박을 생산하고 양산 경쟁을 시작할 예정이다.

2차전지/LFP 배터리

최근 LG에너지솔루션이 LFP 배터리를 ESS에 투입한 후 EV(전기자동차)에 확대하겠다고 발표하면서 LFP 배터리가 더 두각받고 있다. 리튬 계열 배터리는 리튬이온, 리튬 인산철, 리튬 폴리머 세 가지다. 리튬이온과 리튬 폴리머의 배터리는 니켈, 코발트, 망간, 알루미늄 등의 물질로 양극재를 만든다. 리튬 인산철(LiFePO4)은 다른 종류에 비해 발열성이 낮아 안정성이 높은 것으로 평가받고 있다. 에너지 밀도가 낮지만 안정성이 높고 가격도 저렴하다. 니켈은 불안정한 물질로 양극재 내 비중이 커질수록 발화 가능성이 커진다. 그리고 전해액과 음극재의 발달이 LFP 배터리의 부족한 일부를 추가적으로 보완해줄 것으로 기대된다.

LFP 배터리의 성장이 기대되는 것은 특허 만료가 많은 부분 진행 중이기 때문이다. LFP 배터리 관련 특허가 복잡하게 얽혀 있어 수출할 때 큰 비용이 발생했다. 2022년 말 특허의 상당 부분이 만료되면 중국 업체들의 LFP 배터리 수출이 더 쉬워질 것으로 예상된다.

중국 업체들은 LFP 배터리 활용 기술 개선에 노력했다. 실제 예로 CATL의 셀투팩(CTP), 셀투세시(CTC) 기술 발전을 통해 삼원계(NCM 등) 못지않은 출력이 기대된다. CATL은 셀투팩 공정을 통해 공간 활용을 최적화한 것이다. 셀투팩 기술은 배터리 셀을 패키지 형태로 만드는 과정에서 모듈 비중을 크게 줄여 패키지 내부에 더 많은 셀을 배치하는 기술이다. 에너지 밀도를 올리는 동시에 제조 공정을 단순화하면서 전기차 제작원가를 낮추는 장점이 있다. 셀투팩 기술을 확보하면서 에너지 밀도를 10~15%가량 늘릴 수 있다. 평균 NCM 배터리 대비 30~40%가량 효율이 떨어지는 부분의 격차를 줄일 수 있다. 2025년 CATL이 고도로 집적화된 CTC(Cell To Chassis) 배터리를 출시할 것으로 기대받고 있다. 장기적으로는 2028년에 업그레이드된 5세대 스마트화 CTC 배터리 시스템을 내놓을 예정이다. CTC 배터리 셀을 자동차 샤시에 바로 통합하는 기술로 차량의 무게를 줄이고 공간 효율성을 높여 주행거리를 최소 800km까지 늘릴 수 있을 것으로 예상하고 있다. 이 기술은 테슬라가 배터리 데이에서 공개한 CTB(Cell TO BODY) 기술과 유사하다.

쉬운 구조로 이야기하면 배터리 셀의 공간과 직·병렬 구조를 개선하는 것이다. 모듈 공간을 줄이고 용도에 맞게 직·병렬 연결 구조를 개선하는 것이다. 배터리 직렬 연결은 전압이 증가하지만 용량과 사용시간은 동일하게 유지된다. 배터리를 병렬로 연결하면 전압은 동일하게 유지되면서 용량과 사용시간은 증가한다.

LFP 기술 발전에 따라 테슬라의 LFP 배터리를 탑재한 모델 3을 미국 시장에 판매했다. 2024년이나 2025년 무렵 자율주행차 출시를 목표로 애플도 LFP 배터리를 선호하는 것으로 알려졌다.

현재 NCM(A) 배터리와 LFP 배터리는 공존할 것으로 보인다. NCM(A)는 에너지 밀도가 큰 장점이 있어 고급 차와 플라잉카 등에 지속적인 필요성이 제기된다. 현재 LFP는 다른 것에 비해 무겁고 넓은 공간이 확보될수록 좋으므로 트럭 등 중·대형차에 많이 활용된다.

2차전지/수소

산업통상자원부가 선정한 수소 전문기업

10년간 지속적으로 성장할 기업에 투자하는 것이 미래에도 보유할 수 있는 주식의 가장 큰 조건이다. 수소산업은 수소 혁명이라고 할 만큼 지속적인 성장이 기대된다.

2020년 7월 정부는 수소 플러스 1,000 프로젝트를 통해 2040년까지 1,000개의 수소 전문기업을 육성하고 이를 위해 다양한 부문에 수소 전문기업 특화 지원 프로그램을 확대해나갈 계획이다. 2025년 100개, 2027년 200개, 2030년 500개, 2040년 1,000개의 수소 전문기업을 육성할 방침이다. 우선 수소 5대(모빌리티, 연료전지, 충전소, 액화수소, 수소전해) 소재, 부품, 장비 분야에 매년 300억 원 규모의 R&D 비용을 지원할 예정이다.

산업통상자원부는 수소법상 수소 전문기업으로 지정했다. 2021년 6월 수소법에 따라 총 11개 수소 전문기업으로 선정한 후 2021년 9월 8개 기업을 추가로 선정했다. 선정 조건은 매출액에 따른 수소 사업과 연구개발 비중이었다.

유한정밀은 지난 10여 년 동안 자체 개발한 금형기술을 활용해 수소 승용차의 연료전지의 핵심부품인 분리판을 전량 공급 중이다. 기존 차량용 연료전지 분리판 제작기술은 일본 도요타와 혼다만 보유 중이다.

제이앤티지는 연료전지 부품인 기체 확산층을 자체 개발해 차량발전용 연료전지 제조사에 공급할 예정이다. 현대차 넥쏘의 기체 확산층은 현재 해외로부터 수입 중이지만 2022년 안에 국산화할 예정이다.

가드넥은 수소차 연료전지에 쓰이는 전해질막 고정용 필름을 전량 공급하고 있다. 발전 연료전지 제조사(두산퓨얼셀, 범한퓨얼셀, 에스퓨얼셀)들은 세계적 기술력을 기반으로 세계 1위 발전 연료전지 시장으로 한국의 입지를 구축 중이다.

하이에어코리아와 지필로스는 연료전지 부품(개질기, 탈황기, 인버터) 개발로 발전 연료전지 국산화율 향상에 기여하고 있으며 원일티앤아이는 추출 수소를 생산하는 수소개질기 제품에 더해 고체 수소 저장합금을 개발해 선박에 적용 중이다. 이엠솔루션과 대하는 수소충전소 설계·구축 및 실험설계로 국내 충전 인프라 확충의 한 축을 담당하고 있다.

2차로 추가 선정된 업체로는 수소전기차의 핵심부품인 다공체 분리판을 양산하는 넥스플러스와 수소 충전기용 냉각장치를 독자기술로 개발해 충전 인프라 부품에 기여한 삼정이앤씨가 있다. 수소충전소를 설계·시공하는 발맥스기술, 수소 관련 제품과 부품의 평가·검증에 필요한 시험장비를 제작하는 에스지티 등 모빌리티 시험장비 등의 수소 산업 전 분야에 걸쳐 다양한 기업이 선정되었다.

위에 제시된 19개 기업 중 상장사와 관련된 회사로는 두산퓨얼셀, 에스퓨얼셀, 이엠솔루션(이엠코리아가 지분 100% 보유), 넥스플러스(인지디스플레이가 지분 29.5% 보유), 에스디지(풍국주정)가 있다. 그중 두산퓨얼셀이 가장 큰 실적 기대를 받고 있다.

메타버스

메타버스는 데이터 광산으로 메타버스 시장은 2030년 1,700조 원 이상으로 커지고 향후 10년간 800배 성장이 전망되는데 글로벌 기업들의 주요 전쟁터가 메타버스로 이동 중이다. 넷플릭스는 최대 경쟁자를 디즈니가 아닌 포트나이트와 같은 메타버스 플랫폼 기업이라고 밝혔다. 포트나이트 CEO는 메타버스는 인터넷의 다음 버전이고 사람들은 메타버스로 일하러 가거나 쇼핑 시간을 보낼 것이라고 말했다.

메타버스를 통해 다양한 경제적 이익 추구가 가능해지고 즐거움도 얻을 수 있다. 메타버스는 기존 가상현실의 확장된 개념으로 가상세계와 현실 세계의 경계가 허물어지는 세계다. 메타버스에서는 아바타를 통한 사회활동과 NFT와 FT(가상화폐) 등을 통한 경제활동도 가능하다.

NFT(Non Fungible Token)는 하나의 토큰을 다른 토큰으로 대체할 수 없는 토큰을 말한다. 토큰에 일련번호를 부여해 그림과 같은 작품의 무분별한 복제를 막거나 블록체인 기술을 이용해 소유권 변동 등을 쉽게 볼 수 있는데 현실 세계에서 부동산 계약서와 비슷한 개념이다. NFT는 토큰 1개당 가치와 가격이 모두 달라 예술작품, 게임 아이템, 아바타 등에 활용될 수 있고 이를 통한 담보대출 시장(Defi)이 열리고 있다. 실제로 메타버스 게임인 디센트럴랜드의 유저가 자신의 게임 내 건물을 매각했다. 메타버스 세계에서 거래되는 돈인 가상화폐는 거래소를 통해 현실 세계의 돈과 바꿀 수도 있다.

상장사들도 NFT 투자에 적극적이다. 카카오는 블록체인 자회사인 그라운드X를 통해 자체 블록체인 플랫폼 클레이튼을 기반으로 다양한 NFT 서비스를 출시했다. 클레이튼 생태계에서는 단순 미술품이나 게임 아이템 등의 NFT 서비스를 넘어 트레이더 구독권 발행, NFT 자산관리, 소셜네트워크 서비스 등 다양한 서비스를 제공 중이다.

최근 스탯은 그라운드X를 비롯해 한경미디어그룹의 블록체인 자회사인 블루밍 비트, 머니투데이 방송 등과 파트너십을 체결했다. 트레이더들의 투자전략이나 구독 권리를 NFT에 접목한 것이다. 세계 최대 NFT 거래소인 오픈씨와도 클레이튼 기술적 통합을 마쳤다. MMO 게임인 '왕국의 영예' 등도 클레이튼 NFT를 지원하며 생태계를 확장 중이다. 그라운드X는 클레이튼에서 누구나 손쉽게 NFT를 만들고 글로벌 시장에 확장할 수 있는 NFT 선순환 구조를 구축했다.

엔터테인먼트사 등 콘텐츠·미술 관련 기업들이 제휴를 통해 NFT 사업을 빠르게 확장 중이다. JYP엔터테인먼트는 블록체인 업체와 K팝 NFT 플랫폼 사업 업무 제휴를 체결했다. 미국 록밴드 킹스 오브 리온은 NFT 신작 앨범으로 단 2주 만에 20억 원 이상의 수익을 올렸다. 스튜디오 드래곤은 국내 최초 드라마 IP 기반 NFT를 발행했고 국내 최초의 가상자산 거래소인 코빗과 함께 NFT 디지털 굿즈 판매를 시작했다. 갤럭시아머니트리는 블록체인 전문 자회사인 갤럭시아메타버스를 통해 엔터테인먼트 기업인 올림엔터테인먼트와 NFT 사업을 위한 업무협약을 체결했다. K-POP 아티스트들은 다양한 NFT, 굿즈 등의 상품 사업을 확대해나갈 예정이다.

게임, 레저, 문화 등 다양한 사업에서의 확장이 기대된다. 갤럭시아에스엠은 스포츠마케팅으로 판권 사업과 마케팅 사업을 영위 중이다. 갤럭시아메타버스는 라이언앳, 갤럭시아에스엠과 NFT 사업을 위한 전략적 제휴를 맺었다. 라이언앳은 스포츠마케팅 기업으로 다양한 스포츠 스타들이 소속되어 있으며 스포츠 스타들의 디지털 카드와 경기 장면 등을 NFT화할 수 있다.

대원미디어는 블록체인 개발사인 투니플레이와 파워레인저 NFT를 위한 IP 공급계약을 체결했고 블루베리 NFT는 아트 컨시어지 뉴욕(ACNY)과 NFT

업무협약을 맺었다. 두 회사는 ACNY 산하 브랜드인 갤러리 스탠 소속 아티스트들의 NFT 상품 개발 등을 진행한다. 블루베리 NFT는 프로야구, 프로축구, 프로농구 연맹과 퍼블리시 권리 계약을 체결해 NFT 사업을 본격화 중이다. 서울옥션의 자회사인 서울옥션블루는 두나무와 함께 NFT 아티스트 공모전을 개최했다.

그 외에도 위메이드는 자회사인 위메이드트리를 통해 '크립토네이도 for WEMIX' 등의 블록체인 게임을 글로벌 출시했다. NFT 옥션 플랫폼인 '위믹스 옥션도 런칭해 NFT 마켓 사업에도 진출했고 게임 재화를 유틸리티 코인으로 만들고 캐릭터를 대체 불가능화(NFT)해 블록체인 이코노미를 구축한다.

SBI홀딩스는 리플의 발행사인 리플랩스의 초기 투자자로 외부 투자자 중 최대 지분을 보유 중이다. 보고서를 통해 NFT는 지속가능성, 확장성, 접근성을 더 많이 제공할 수 있다고 밝혔다. SK C&C는 가상자산 거래소인 지닥을 운영하는 피어테크와 부동산 등의 실물 자산을 NFT 거래할 수 있는 사업을 추진 중이다. CJ올리브네트웍스는 두나무의 블록체인 자회사인 람다256과 NFT 플랫폼 협약을 맺었다.

삼성전자 투자전문 자회사인 삼성넥스트는 블록체인 기업 투자를 지속적으로 확대하고 블록체인 기술, 메타버스, 인공지능 등에도 적극적으로 투자 중이다. 암호화폐 개발자 플랫폼인 알케미와 암호화폐 지갑 젠고 등에 투자했다.

메타버스는 가상·초월을 뜻하는 메타(Meta)와 우주(현실 세계)를 뜻하는 유니버스(Universe)의 합성어로 가상현실에서 현실 세계와 같은 정치, 경제, 사회, 문화활동이 이루어지는 3차원 세계를 의미한다. 기존 사이버 스페이스와 달리 아바타를 통한 상호작용이 가능하며 경제 시스템이 도입되면서 더 활성화되기 시작했다.

메타버스의 개념은 1992년 닐 스티븐슨의 소설 〈스노우 크래시(Snow Crash)〉에서 처음 시작되었고 메타버스가 최초로 구체화된 것은 2003년 세컨드라이프(Second Life)라는 서비스다. 당시는 큰 흥행을 이어가지 못했지만 코로나19 발생 후 비대면 문화가 확산되면서 가상공간에서의 회의, 미팅, 문화생활 흐름이 자연스럽게 형성되었다. 2018년 스티븐 스필버그 감독의 영화 〈레디 플레이어 원〉에서 메타버스를 다양한 시도로 보여주었는데 AR/VR 기기를 통해 가상공간에 진입하고 거기서 벌어지는 사건들을 묘사했고 가상공간이 실제 세계에도 미치는 영향을 영상화했다.

메타버스에 가장 큰 관심을 보이는 세대는 MZ세대다. MZ세대란 1980년 초~2000년대에 출생한 밀레니엄 세대(M)와 1990년대 중반~2000년대 초반에 출생한 디지털 원주민(Z) 세대를 통칭하는 용어다. 그들은 태어날 때부터 디지털과 밀접한 생활을 해와 기존 세대보다 메타버스에 친숙하다.

메타버스의 가장 중요한 특징은 경제 시스템이다. 즉, 가상세계 속 화폐가 그 플랫폼 속에서 현금화되고 메타버스 환경에서 암호화폐가 공식 통화가 되면 메타버스에서 구매한 토지, 건물 등의 소유권을 갖는 NFT의 가치가 두각을 보인다. 현재 로블록스(미국 나스닥 상장사)에서 로블록스라는 재화가 통용 중이다. 로블록스는 미국 16세 미만 어린이와 청소년의 50% 이상이 가입되어 있고 유튜브보다 2.5배 이상의 시간을 여기서 보낸다. 명품 브랜드 구찌는 로블록스에서 한정판으로 내놓았다.

특히 메타버스는 게임과 엔터테인먼트 분야에서 빠르게 발전 중이다. 마인크래프트는 샌드박스 게임의 대표적인 게임이다. 샌드박스 게임은 아이들이 소꿉장난하듯이 자유롭게 뭔가를 만들 수 있는 방식의 게임으로 오픈 월드 게임이라고 불린다. 현재 1억 명 이상의 게임 유저가 활용 중이며 유튜브에서도 인기가 높다.

미국의 한 대학은 게임 마인크래프트 안에서 캠퍼스를 만들고 졸업식을 진행했고 네이버의 자회사인 스노우도 앱 '제페토'를 개발했다. 제페토는 인기가 높아지면서 운영에 집중하기 위해 '네이버 Z'라는 신설법인을 별도로 설립했다. AR 아바타 기술 소셜네트워크 서비스인 '제페토'는 전 세계 2억 명 이상의 유저가 이용 중이다.

엔터테인먼트에서는 방탄소년단이 메타버스를 활용해 '다이너마이트'를 발표했고 엔씨소프트는 '유니버스'라는 K-POP 엔터테인먼트 플랫폼을 만들었다. 캐릭터 스캔, 모션 캡처 기술 등 게임 제작에 활용했던 모션 캡처 기술을 이용해 아바타를 제작해 뮤직비디오 가상통화 서비스를 구현 중이며 메타버스는 다양한 곳에서 확산 중이다. 코로나19로 비대면 시장이 커지면서 가상현실 속에서 대학 입학식(순천향대)이나 신입사원 연수에도 사용 중이다.

메타버스의 지속적인 성장을 위해서는 5개 분야가 중요해 보인다. 인프라(5G, 빅데이터 등), 하드웨어(AR 글래스, VR 헤드셋, 디스플레이(OLED DoS), ToF 3D 센싱 모듈 등), 소프트웨어(인공지능, 개발 엔진 등), 플랫폼(로블록스, 제페토), 광고시장이다. 5개 관련 분야의 성장과 함께 메타버스 시장도 빠르게 확산될 것으로 보인다.

메타버스/반도체의 이해

반도체는 전기가 잘 통하는 도체와 통하지 않는 절연체의 중간적 성질의 물질이다. 부도체와 같이 전기가 거의 통하지 않지만 인공적 조작을 가하면 도체처럼 전기가 흐르기도 한다. 반도체는 메모리 반도체와 비메모리 반도체로 구분된다. 메모리 반도체는 전자기기에 들어가 데이터를 저장하는 기능을 수행한다. 시스템반도체는 디지털화된 전기적 정보를 연산·처리하는 반도체다. 앞으로 반도체, 메타버스, IOT, AI, 빅데이터 등의 신사업에 대한 지속적인 수요 증가가 예상된다.

반도체는 총 8단계 공정을 거쳐 완성된다. 1. 웨이퍼 공정, 2. 산화 공정, 3. 포토 공정, 4. 식각 공정, 5. 박막 공정, 6. 금속 배선 공정, 7. EDS 공정, 8. 패키징 공정이다. 전후 공정으로 구분하면 전 공정은 웨이퍼 제조부터 금속 배선 공정까지이고 후 공정은 EDS 공정과 패키징 공정이다.

웨이퍼 제조 공정은 웨이퍼를 만드는 공정이다. 웨이퍼는 반도체 직접회로를 만드는 데 사용되는 주재료다. 웨이퍼는 대부분 모래에서 추출한 규소,

바로 실리콘을 성장시켜 만든 단결정 기둥을 적당한 두께로 얇게 썬 원판물이다.

산화 공정은 웨이퍼 표면에 실리콘 산화막을 형성해 트랜지스터의 기초를 만드는 공정이다. 산화 공정은 웨이퍼에 절연막 역할을 하는 산화막을 형성해 회로와 회로 사이에 누설전류가 흐르는 것을 차단하는 것이 목적이다. 즉, 산화 공정을 통해 산화막이 반도체에 보호막을 만든다.

포토 공정은 웨이퍼 위에 반도체 회로를 그려놓는 공정이다. 포토 공정은 사진찍는 과정과 매우 비슷한데 빛을 이용해 회로 패턴이 담긴 마스크 웨이퍼 위에 그린다. 웨이퍼 위에 노광을 진행한다. 노광이란 감광액을 바른 웨이퍼를 빛에 노출시키는 것이다. 패턴화된 마스크를 빛에 통과시켜 노광부와 비노광부를 구분한다.

식각 공정은 포토 공정을 통해 그려진 회로 외에 불필요한 부분을 제거하는 공정으로 산화막 등에 일부를 정리한다. 건식 식각은 플라즈마 상태를 이용해 선택적으로 없애는 방법이고 습식 식각은 용액과 접촉시켜 감광액이 없는 부분을 깎아내는 것이다. 수율 부분에서 건식이 유리해 확대되고 있다.

박막 공정은 증착과 이온 주입 공정이다. 증착 공정을 통해 회로 간의 구분과 연결, 보호 역할을 하는 박막을 만들고 이온을 주입해 전기적 특성을 갖게 한다. 박막이란 사전적 의미로는 1마이크로미터(μm) 이하의 얇은 막이다. 증착 공정에서는 박막을 얼마나 얇고 균일하게 입히는가가 경쟁력이다. 이온은 붕소(B), 인(P), 비소(As) 등과 같은 불순물인데 이 불순물을 가스 입자로 만들어 웨이퍼 전면에 균일하게 넣어 전도성을 갖게 한다.

금속 배선 공정은 반도체의 회로 패턴에 따라 금속선을 연결하는 공정이다. 소자들을 잘 작동시키고 각각의 신호가 잘 진행되게 해준다. 대표적인 반도체용 금속 배선 재료로 알루미늄과 구리 등이 많이 사용된다.

EDS(Electrical Die Sorting) 공정은 웨이퍼 완성 단계에서 이뤄지는 테스트 공정으로 총 4단계인데 1단계는 ET Test WBI(Wafer Burn In), 2단계는 Hot/Cold Test, 3단계는 Repair/Final Test, 4단계는 Inking이다.

패키징 공정은 다양한 외부 환경으로부터 안전하게 보호될 수 있도록 포장하는 것이다. 전 공정을 통해 완성된 웨이퍼만으로는 외부의 전기신호를 주고받을 수 없다. 직접회로(IC)는 고온, 고습, 화학약품, 진동, 충격 등 다양한 외부환경에 의해 손상되기 쉽다. 그래서 패키징 공정을 통해 반도체 소자에 필요한 전력을 공급하고 반도체 소자 간의 신호를 연결하며 소자에서 발생하는 열을 방출하고 직접회로를 보호하는 역할을 한다.

메타버스/UWB 기술

UWB(Ultra Wide Band)는 정밀 공간인식(센티미터)과 방향성이 있으며 Wi-Fi와 블루투스 기술처럼 무선통신기술의 게임 체인저로 기대된다. 1970년대 미국에서 군사용으로 개발되어 군용 레이더나 첩보 통신에 주로 쓰였고 산업용 시장으로 확대되었다. UWB는 기존 주파수 대역에 비해 넓은 대역(초광대역)에 걸쳐 낮은 전력으로 대용량의 정보를 전송할 수 있는 근거리 무선통신기술이다.

블루투스가 2.4GHz, 무선랜이 5GHz로 특정 주파수 대역을 사용하는 반면, UWB는 3.1~10.6GHz에 이르는 넓은 주파수 대역을 사용해 주파수 부족 문제가 상대적으로 적다. UWB는 블루투스와 무선랜보다 빠른 500Mbps의 고속전송이 가능해 대용량, 고화질 데이터를 효과적으로 활용할 수 있고 기존 무선통신기술보다 넓은 범위에 걸쳐 낮은 전력으로 커버할 수 있어 자율주행 등의 기술에도 활용이 기대된다.

UWB는 다양한 곳에 적용할 수 있는데 자동차를 원격 제어할 수 있는 디지털 키, 자율주행, 의료용 검침기로 환자의 호흡이나 맥박을 신체에 닿지 않고 측정하고 개인의 이동량을 측정해 빅데이터 활용, 비접촉식 보안 출입 서비스, 물건 찾기, 증강현실(AR) 기술 분야 등이 있다.

삼성전자는 갤럭시 노트 20 울트라와 갤럭시 Z 폴드 2에 UWB를 탑재했다. 삼성전자는 스마트 갤럭시 태그, 애플사는 에어 태크라는 이름으로 출시했다. 최근 샤오미도 UWB가 적용된 샤오미 폰으로 샤오미 가전제품을 리모컨으로 적용하는 예를 보여줬다.

★ 7-2 ★
목계지덕(木鷄之德)

　목계지덕(木鷄之德)은 '나무로 만든 닭'이라는 뜻으로 감정을 제어하는 능력을 말한다. 장자의 〈달생〉 편에 나오는 이야기로 최고의 투계는 자신의 교만과 상대방으로 인한 조급함을 버리고 마음의 평정심을 찾으며 반복된 훈련을 하는 닭을 뜻한다.

　주식시장에서 흔들리지 않으려면 무엇보다 '목계지덕' 정신이 중요하다. 먼저 교만을 버리고 시장에 능동적으로 대처하는 자세, 그 다음으로 명확한 기준을 갖고 흔들리지 않는 중심, 더 나아가 중심을 갖고 주가의 급등락에 흔들리지 않는 기계적 매매를 지향해야 한다. 마지막으로 이 정신을 되새기며 반복 훈련과 기억이 중요하다.

주식을 매매하면서 '목계지덕'을 외치고 시작하면 큰 힘이 되고 뇌동매매를 줄일 수 있다. 기본적, 기술적 분석도 중요하지만 시장 트렌드 분석과 주식 기초지식도 중요하다. 끊임없이 시장의 트렌드를 놓치지 말고 기본적인 지식을 보유하고 있어야 자신있게 중심을 잡을 수 있다. 최근 시장 트렌드 관련 퀴즈를 풀어보면서 테스트해보는 것도 좋다.

★ 경제 편 5문제 ★
(테이퍼링, ESG, 버핏지수, 닥터 코퍼, 시가총액)

1. 다음 중 테이퍼링(Tapering)의 의미는?

   ① 폭이 점점 가늘어진다는 의미로 양적완화 조치의 점진적 축소
   ② 폭이 점점 넓어진다는 의미로 양적완화 조치의 지속적 확대
   ③ 통화량 증가로 화폐가치가 하락하고 물가가 상승하는 경제현상
   ④ 통화량 감소로 화폐가치가 상승하고 물가가 하락하는 경제현상

2. 다음 중 ESG(Environment, Social, Governance)의 투명경영과 지속가능 발전의 3가지 핵심가치가 아닌 것은?

   ① 친환경
   ② 사회적 책임 경영
   ③ 지배구조 개선
   ④ 영업이익 극대화

3. 일반적으로 버핏지수(Buffett Indicator)가 70~80%이면 저평가 증시, 100% 이상이면 과열 증시로 간주한다. 다음 중 버핏지수의 올바른 정의는?

① 국내총생산(GDP) 대비 시가총액 비율
② 국민총생산(GNP) 대비 시가총액 비율
③ 국내총생산(GDP) 대비 총매출액 비율
④ 국민총생산(GNP) 대비 총순이익 비율

4. 다음 중 원유나 금보다 지정학적, 정치적 영향을 덜 받고 제조업 분야 전반(자동차, 건설, 의료기기 등)에 쓰이는 닥터 코퍼(Dr. Copper)라는 금속으로 실물경제를 예측하는 선행지표인 금속은?

① 알루미늄
② 구리
③ 코발트
④ 망간

5. 대한민국 상장사 중 시가총액이 높은 순서대로 맞게 나열한 것은?(시총은 상황에 따라 변경될 수 있음)

① 삼성전자 - SK하이닉스 - 카카오 - NAVER
② 삼성전자 - 삼성바이오로직스 - SK하이닉스 - NAVER
③ 삼성전자 - SK하이닉스 - NAVER - 카카오
④ 삼성전자 - 현대차 - LG전자 - NAVER

★2차전지 편 5문제★
(2차전지, 제조 공정, 전극 공정, 양극재, 삼성SDI)

1. 다음 중 화학에너지가 전기에너지로 바뀌는 횟수가 여러 번 가능한 전지로 충전 가능한 배터리를 의미하는 것은?

   ① 1차전지
   ② 2차전지
   ③ 3차전지
   ④ 알칼리 건전지

2. 다음 중 2차전지의 3대 제조 공정으로 맞는 것은?

   ① 전극 공정, 조립 공정, 활성화 공정
   ② 전압 공정, 패턴 공정, 활성화 공정
   ③ 저항 공정, 조립 공정, 테스트 공정
   ④ 전극 공정, 패턴 공정, 활성화 공정

3. 다음 중 양극/음극 극판 및 분리막 등을 만드는 공정은?

   ① 조립 공정
   ② 활성화 공정
   ③ 테스트 공정
   ④ 전극 공정

4. 양극재 물질로는 크게 NCM(Nickel Cobalt Manganese)과 NCA(Nickel Cobalt Aluminium)가 많이 사용되는데 특히 효율성을 위해 하이 니켈이 핵심기술로 꼽힌다. NCM과 NCA에 공통적으로 사용되는 니켈 외에 양극화 물질로 맞는 것은?

   ① 구리
   ② 코발트
   ③ 망간
   ④ 알루미늄

5. 다음 중 대한민국 2차전지 관련주 중 시가총액 상위 종목으로 '대표 3대장'으로 불리는 종목은?

   ① LG에너지솔루션, 삼성SDI, SK이노베이션
   ② LG이노텍, 삼성전자, SK하이닉스
   ③ LG전자, 삼성전기, SKC
   ④ LG, 삼성물산, SK아이이테크놀로지

★메타버스 편 5문제★
(반도체, CPU, DDR5, 메타버스, NFT)

1. 미국 캘리포니아주에서 반도체 업체 밀집지역을 '○○○밸리'라고 부른다. 단순히 이물질 원소인 규소뿐만 아니라 하이테크 산업을 의미하는, 반도체의 대표적인 물질로 맞는 것은?

   ① 카드뮴
   ② 팔라듐
   ③ 실리콘
   ④ 바나듐

2. 컴퓨터 중앙처리장치로 인간의 두뇌에 해당하며 4대 주요 기능인 기억, 해석, 연산, 제어를 진행하고 글로벌 기업인 인텔과 AMD 등이 주로 생산하는 장치는?

   ① CPU
   ② RAM
   ③ ROM
   ④ GPU

3. 최근 DDR5 세대교체 이슈로 관련 업종의 주가가 많이 상승하고 이 장치에 대한 관심도 커졌다. 컴퓨터의 주기억장치로 기억된 정보를 읽어내거나 다른 정보를 기억시킬 수도 있는 메모리로 일할 때 책상에 비유되는 장치로 맞는 것은?

① ROM
② RAM
③ HDD
④ SSD

4. '가상현실'이라는 의미와 현실 세계와 같은 정치, 사회, 경제, 문화활동 등이 이뤄질 수 있는 세계라는 의미가 있으며 최근 네이버 Z의 제페토 서비스가 두각을 받는 플랫폼으로 맞는 것은?

① 메타버스
② 옴니버스
③ 메타랩스
④ 메타링크

5. 블록체인 기술을 사용해 별도의 고유한 인식 값을 갖고 있어 상호교환과 대체가 불가능한 토큰으로 게임, 예술작품, 부동산 등의 기존 자산을 토큰화할 수 있는 수단으로 맞는 것은?

① MCM
② NFK
③ NFT
④ NFC

★제약·바이오 편 5문제★
(바이오시밀러, CDMO, 전임상, 임상, 삼성바이오로직스)

1. 제약회사가 새로운 의약품을 개발하면 약 20년 동안 특허권을 인정한다. 특허권 기간이 경과하면 타 회사도 의약품의 주성분을 합성해 판매할 수 있다. 기존 제품과 완벽히 같지 않다는 뜻으로 붙은 용어로 맞는 것은?

   ① 바이오 신약　　　　② 바이오시밀러
   ③ 바이오시퀀스　　　 ④ 바이오 재생

2. 이것은 항체 바이오 의약품 위탁생산(CMO; Contract Manufacturing Organization)과 위탁개발(CDO; Contract Development Organization)을 함께 일컫는 용어다. 세포주를 받아 생산만 하면 CMO이고 DNA를 받아 세포주를 만든 후 생산까지 하면 CDO다. 삼성바이오로직스의 4공장이 완공되면 이 분야에서 압도적인 전 세계 1위로 올라설 것으로 전망되는 이 용어는?

   ① CRO　　　　　　　② CDMO
   ③ COO　　　　　　　④ CFO

3. 새로 개발한 신약 후보 물질을 사람에게 적용하기 전에 동물 반응이나 화학적 반응을 알아보는 단계로 효과와 부작용을 알아보는 과정은?

　① 임상 단계　　　　　② 전임상 단계
　③ 3상시험 단계　　　 ④ 완전관해

4. 임상검사는 보통 4단계로 이뤄진다. 본격적으로 환자 등을 대상으로 하며 최대 200명까지 진행한다. 이들을 대상으로 보통 2~3년 동안 적정 용량, 흡수효과 등을 시험한다. 이 과정을 마친 후 라이선스하는 경우도 많아지고 있다. 다음 중 맞는 것은?

　① 임상 1상 단계　　　② 임상 2상 단계
　③ 임상 3상 단계　　　④ 임상 4상 단계

5. 다음 중 현재 제약·바이오주의 시가총액을 높은 순서대로 맞게 나열한 것은?(시총은 상황에 따라 변경될 수 있음)

　① 삼성바이오로직스 – 셀트리온 – SK바이오사이언스 – 에이치엘비
　② 셀트리온 – 삼성바이오로직스 – SK바이오사이언스 – 에이치엘비
　③ 삼성바이오로직스 – SK바이오사이언스 – 셀트리온 – 에이치엘비
　④ SK바이오사이언스 – 삼성바이오로직스 – 셀트리온 – 에이치엘비

★정답★

경제 편

1	2	3	4	5
①	④	①	②	③

2차전지 편

1	2	3	4	5
②	①	④	②	①

메타버스 편

1	2	3	4	5
③	①	②	①	③

제약·바이오 편

1	2	3	4	5
②	②	②	②	①